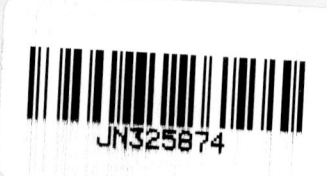

介護現場における
医療ケアと
介護職の不安

佐々木由惠

Sasaki Yoshie

社会評論社

介護現場における医療ケアと介護職の不安

目次

はじめに

近年、介護施設や在宅介護の現場において、終末期のみならず日常生活でも高齢者の医療的ケアが必要とされる場面が増加している。現在の我が国の「介護保険制度」は、現実的には、介護職が医療的ケアを実施していることで維持されているといっても過言ではない。介護の目的は、人が介護を受けながらも身体的、精神的、社会的に充実した生活を送れるように、自立に向けた日常生活を支援することである。さらに、利用者主体、尊厳、共感、協働などのヒューマニズムを介護理念の中心に置き介護実践を行っている。しかし一方では、入院の短縮化、介護の重度化、終末期も施設でという希望者の増加などにより医療と介護が混合しているケースも増大してきており、「不可避型医療行為」として介護職が医療的ケアを行っている状況がある。介護職の現任者は法規則と事業者の方針などの板挟みとなっており、医療的ケアへ何らかのジレンマを持っていることが危惧される。

そのような現状を踏まえ、筆者は介護現場における医療的ケアの実態把握に取り組んできた。本書の基礎となっているのが、厚生労働省平成22年度老人保健事業推進費等補助金（老人保健増進等事業分）の支援を得て日本社会事業大学社会福祉学部福祉援助学科佐々木由恵研究室が実施した「高齢者ケア施設における質の高い看護・介護を促進する現任者教育のあり方に関する調査研究事業」の成果である。同事業では高齢者ケア施設で看護・介護に携わる職員に対して、医療的ケアの実態やそれに伴う不安の有無・程度を知るための量的調査（アンケート調査）および質的調査（聞き取り調査）を実施した。結果、特別養護老人ホームを筆頭に医療的ケアに関わっている介護職が相当数おり、ケア内容や経験年数によって程度の差こそあれ不安を抱えていることが明らかになった。

この調査結果を報告すると共に、介護職を取り巻く諸制度を整理し、考察と提言を加えたものが本書である。第１章では、介護職への医療拡大の背景となっている我が国の法制度を概観する。第２章では、筆者らが実施した医療的ケアに関する調査結果を報告する。第３章では、調査結果を基に介護職の不安の根底にある心理的要因とその解決策を考察する。第４章では、介護職の医療的ケアと教育研修制度について、筆者の見解を述べる。第５章では、介護職のキャリアパスと資格制度を概観する。第６章では、それまでの章を踏まえて医療と介護の連携における問題提起と提言を行う。

本書が介護サービスの利用者と介護職の双方にとってより良い制度設計への一助となることを願う。

佐々木由恵

第１章　介護と医療の連携

1-1. 介護と医療の連携が進む背景

介護職は日常生活支援の専門職であるが、同時に現在の業務とは異質なパラメディカル的な側面が政府主導型で強調されてきており、これに対し善し悪しを十分に検討する間もないままに新しいステージの扉が開かれようとしている。

本章では、介護と医療の連携が進んでいる背景にある、わが国の法制度の変遷を概観する。

1-2. 増え続ける医療費への対策

現在、わが国の医療費は、平成 21 年度で総額 35.3 兆円に達しており、平成 20 年度との比較では 1.19 兆円、3.5% 増加している。この数値は国の税収とほぼ同じである。一般診療医療費 26.8 兆円、入院医療費 14.0 兆円、入院外医療費 12.7 兆円、歯科診療医療費 2.5 兆円、薬局調剤医療費 5.9 兆円、などとなっており、対前年度比では 3.5% の伸び率となっている。国民一人当たりの年間医療費は、27.6 万円である、70 歳未満では 16.8 万円、70 歳以上の年間医療費は 77.6 万円を示しており、高齢化による医療ニーズの増加が、そのまま医療費を引き上げる形となって

【図 1-1】国民医療費の推移

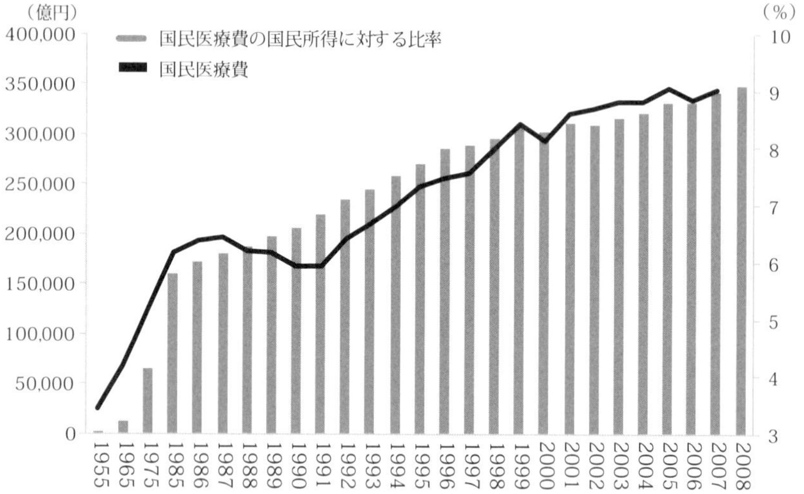

出所）厚生労働省（2010）

いる[1]。

わが国の医療制度を概観すると、戦後改革と独立後の日本的改変等により膨大な過剰人口の処置を最大の課題としながら日本的福祉国家体制が形成[2]されつつあった1955年に完全雇用の実現を目標とし重化学工業化を進めるという長期経済計画が策定され、その時以来高度経済成長が展開されることとなった。かくして、1960年代後半には人手不足といわれるような状況となり、高度経済成長が実現し、1973年には政府は社会保障費を大幅に増額し、この年を「福祉元年」と宣言した。具体的には、70歳以上の高齢者の医療費の自己負担の無料化（老人医療無料制度の導入）や高額療養費制度などが導入された。1973年秋にはオイルショックが勃発し高度経済成長が終焉し、増収減となり、第二次臨時行政調査会[3]の「増税なき財政再建」「日本型福祉社会」がスローガンとなり社会保障制度に見直しがかけられた。1979年に経済企画庁から、福祉見直し論として、「新経済社会7カ年計画」の中で「日本型福祉社会構想」が打ち出され、日本は欧米型の福祉国家の道ではなく、家族が介護を中心に担う自助努力、地域相互互助、民間活動力と市場システム重視の道を選択した。そして、1982 年に老人保健制度が創設され、これにより、今後の高齢化に適合するように、高齢者本人も医療費の一部を負担[4]する、高齢者の医療費を国民が公平に負担するなどの仕組みが導入された。

1984 年には第一次医療法改正が行われ、入院が長くなるほど診療報酬が低くなる逓減制がもちこまれ、高齢者が診療報酬の下がる 3 カ月、6 カ月ごとに病院を転々とする状況が増えた。1990 年代に入ると医療費が増大し、特に老人医療費の増大は、老人保健制度に拠出している健康保険組合などの財政を圧迫した。

1992 年の第二次医療法改正では、「機能分担と連携」をスローガンに、福祉施設の不足を補うために療養型病床群が認められた[5]。

1997 年の第三次医療法改正では、患者の立場に立った情報提供体制や地域医療支援病院制度を創設し、地域において急性期医療が提供できる医療機関として医療連携の中心的役割を担う位置づけがされ、医療機関の医療分担の明確化及び連携の促進が図られることになった。

2001 年の第四次医療法改正では、患者の病態にふさわしい医療を適切な環境で提供するために入院医療提供体制を整備する目的で、一般病院に急性期病床と慢性期病床の混在を認めないとし、2003 年 8 月末までにいずれかの選択を迫る改正があった。すなわち、急性と慢性の混在により入院日数が長期化していること、マンパワー不足（質と量）、過剰病床を解決する対策としての改正である。

そして、2005 年 12 月 1 日には政府・与党医療改革協議化による「医療制度改革大綱」が閣議決定された。政府は医療制度改革大望を踏まえ、2006 年 2 月 10 日に「良質な医療を提供する体制の確立を図るための医療法等の一部を改正する法律」「健康保険法の一部を改正する法律」、いわゆる「医療制度改革関連法案」を閣議決定した。その一つに、向こう6年かけて（平成24年4月まで）、介護療養病床13万床、医療療養病床10万床を削減し、老人保健施設やケアハウス等の居住系サービスに転換する方針が示され、介護療養型医療施設の全廃が決定づけられた。

2006年の第五次医療法改正は、「医療計画制度の見直し等を通じた医療機能の分化・連携の推進」であり、「病院または診療所の管理者は、保健医療サービスまたは福祉サービスを提供するものとの連携を図り、退院する等の患者が適切な環境の下で療養を継続できるよう配慮しなければならない」とあり、福祉サービスとの連携という文言がはじめて示された。さらに同年4月の診療報酬改定においては、「医療と介護の連携」をスローガンに、24時間診療及び訪問看護を提供できる体制を整えた「在宅療養支援診療所」に対する各種の診療報酬の創設、療養病棟入院基本料に医療の必要性による区分及びADLの状況による区分に基づく患者分類[6]を用いた評価の導入などが実施された。介護療養型医療施設の全廃に対し、厚生労働省は、介護と医療の機能を区分するためとしているが、中医協の診療報酬調査専門組織、慢性期入院患者の包括評価調査分科会・分科会長の池上直己氏は、「政策判断によって医療区分1は入院医療の必要なしとされ、コストに合わない点数が設定されたことに大きな疑問を呈さざるを得ない」とする中間報告書をまとめている（2007年3月19日）。医療区分1の患者は、退院をせざるを得ない状況がつくられ、それに伴い療養病床が削減し合わせて平均在院日数は短縮されるが、多くの患者が「医療・介護難民」となる可能性があることが社会的に取り沙汰された。これに対する厚生労働省からは、医療区分1とは、そもそもすべてが入院医療を必要としない患者であり、介護療養型医療施設の後継となる受け皿施設を用意するので「介護・医療難民」は出ないという方向づけが示された。いわゆる医療保険から介護保険への移行を想定した施策誘導である。しかし、その後、介護施設への移行が予定通り進んでいないことから、厚生労働省は先送りが必要と判断し、介護型の療養病床の廃止を6年間延期し、2017年度末までに延長されるという方向づけがなされ、国会に通す予定となっている。

1-3. 医療・介護サービスの連携への潮流

2007年に厚生労働省は、安全・安心で質の高いサービスを安定的に提供する持続可能な制度を構築するため、「医療・介護サービスの質向上・効率化プログラム」を策定した（表1-1参照）。

【表1-1】国民医療費の推移

策定趣旨・目標期間
必要なサービスの確保と質の維持向上を図りつつ、効率化等により供給コストを低減させていくための総合的な取組を、計画的に推進するため、可能な限り定量的な指標を盛り込んだプログラムを策定。目標期間は、基本的に平成20年度から平成24年度までの5年間

具体的取組の概要		
(1) 予防重視の観点		
1. 生活習慣病対策の推進	・平成27年度までに、メタボリックシンドローム（内臓脂肪症候群）の該当者及び予備群を平成20年度比で25%以上減少（平成24年度までに10%以上減少）	○新健康フロンティア戦略に沿って、各界各層を巻き込み、国民運動を展開 ○平成20年度から、メタボリックシンドロームに着目した特定健診・特定保健指導を推進
2. 介護予防の推進	・平成17年から平成26年までの10年間で、要介護者を「7人に1人」から「10人に1人」に	○要支援者に対する予防給付や特定高齢者（要支援になるおそれのある人）の判断基準の見直しによる介護予防事業の推進

(2) サービスの質向上・効率化の観点		
3. 平均在院日数の短縮	・平成27年度までに、平均在院日数について、全国平均と最短の県の差を半分に（平成24年度までに差を3分の1短縮）	○平成20年度から、国・都道府県において、平均在院日数の短縮等に係る目標を掲げた医療費適正化計画（5カ年計画）を策定
4. 在宅医療・在宅介護の推進と住宅政策との連携	・平成20年度までに、全都道府県において、新たな医療計画を策定、主要な疾病ごとに急性期、回復期から在宅療養までの一貫した医療連携体制を明示 ・平成20年度までに、全都道府県において、地域ケア体制整備構想を策定、地域ケア体制の将来像を明記	○いわゆるターミナルケアを含め、自宅、ケアハウス、有料老人ホーム等の在宅で療養を望む人の希望に応える体制づくり ○地域における高齢者の生活の継続を支援するため在宅生活への移行や在宅ケアの充実 ○在宅医療・在宅介護の推進につき住宅政策と連携
5. 往診・訪問診療、休日・時間外診療の重視、診療所と病院の役割の明確化	・平成19年度中に、総合的な診療能力をもつ医師の養成の仕組みについて検討 ・平成20年度中に、地域連携クリティカルパス（31都道府県で実施〔平成18年度〕）の全国実施	○開業医の役割として往診・訪問診療、休日・時間外診療を重視、地域の医療機関の機能分化と連携
6. EBM*（根拠に基づく医療）の推進、医療の標準化 *Evidence-based-Medicine	・EBMに基づき ①平成21年度までに総合的な初期診療のガイドラインの作成 ②平成24年度までに診療ガイドラインの診療現場への普及を一層促進するための方策を確立	○EBMの一層の理解・定着の促進、効率化や医療安全の確保のための医療の標準化の検討
7. 重複、不要検査の是正や健診の標準化	・平成20年度までに、検査項目毎の検査測定値等の標準化（例えば血液検査）	○医療機関における検査や健診の標準化・精度管理の推進、IT化等を通じた医療機関の連携等による重複検査の排除の推進、診療報酬の包括化等

8. 後発医薬品の使用促進	・平成24年度までに、後発医薬品のシェア（数量ベースで16.8%〔平成16年度〕）を30%（現状から倍増）以上に	○情報提供・安定供給についての後発医薬品メーカーに対する指導の徹底、国民や医療関係者に対する先発医薬品との同等性等についての情報提供・啓発等 ○処方せん様式の変更の効果の検証結果を踏まえた使用促進のための効果的な措置の検討
9. 不正な保険医療機関、介護サービス事業者等への指導・監査の強化	・診療報酬の包括化の普及に伴い保険医療機関等の指導・監査を更に強化（個別指導の数を毎年8,000箇所を目指す） ・平成19年度中に広域で事業展開する指定訪問介護事業所の監査を実施し、平成24年度までに営利法人の全ての介護サービス事業所に対し指導監査を実施	○更なる指導・監査の強化を図るとともに、不正な診療を行う保険医療機関等に対して厳正に対処 ○法令に違反する介護サービス事業者を始めとして全ての事業者に法令遵守を徹底
10. 医師・看護師等の医療従事者等の役割分担の見直し	・平成19年中に、医師・看護師等の医療従事者等の役割分担の見直しについて、一定の結論を得る。	○医師の業務負担の軽減等の観点から、医療従事者等の業務範囲・役割分担の見直しを順次実施
(3) 診療報酬体系等の見直し		
11. 診療報酬・薬価の見直し	・平成18年度診療報酬改定の結果検証等を踏まえ、平成20年度に、次期改定を実施	○PDCAサイクルを通じた診療報酬改定（薬価・医療材料を含む。）の適切な実施
12. 診療報酬の包括払いの促進	・平成24年度までに、病院の機能分化を推進する中で、DPC支払い対象病院数360（平成18年度）を当面1000（現状から3倍増）に	○DPC（急性期入院医療の診断群分類に基づく1日当たりの包括評価制度）制度の精緻化や対象病院の着実な拡大 ○診療報酬の包括化対象の拡大

13. 後期高齢者の心身の特性に応じた診療報酬の創設	・平成20年度に、後期高齢者の診療報酬を創設	○高齢者医療の現状等を踏まえ、必要かつ適切な医療の確保を前提とした後期高齢者の心身の特性にふさわしい診療報酬体系の確立
14. 介護報酬の見直し	・平成20年に、介護事業経営実態調査を実施し、その結果等を踏まえ、平成21年度に、次期改定を実施	○ PDCAサイクルを通じた介護報酬改定の適切な実施
(4) 国民の利便性向上の観点		
15. 健康情報の効率的な利活用等のためのIT化の推進	・平成22年4月までに、8割以上、平成23年4月までに、原則全てのレセプトをオンライン化	○「医療・健康・介護・福祉分野の情報化グランドデザイン」(平成19年3月27日厚生労働省)の着実な実施
16. 健康ITカード(仮称)の導入に向けた検討	・平成19年中を目途に、健康ITカード(仮称)の導入に向けた結論	○平成19年中を目途に、社会保障全体を視野に入れたシステムの基本構想づくり・個人情報の保護・費用対効果等について検討
(5) 国民の安全・安心を支える良質かつ適正なサービスの確保の観点		
17. 医師確保対策など地域医療提供体制の整備	・平成20年度までに、全都道府県の医療計画において、主要な4疾病・5事業について、医療機能に着目した診療実施施設を各医療圏域ごとに明示	○産科・小児科といった診療科や地域による医師の偏在に対する拠点病院づくり等、各般の医師確保対策の着実かつきめ細やかな推進 ○医療計画を通じた医療連携体制の構築
18. 患者に対する医療情報の提供の推進	・平成20年度中に、全都道府県において、医療の実績、結果に関する事項を含めてインターネット等による情報提供を実施	○広告規制の見直し、都道府県による医療機関の医療機能に関するインターネット等による分かりやすい情報提供
19. 医療・介護の安全体制の確保	・平成19年度中に、死因究明制度等について有識者による検討会の議論を踏まえ結論	○医療従事者や介護専門職の資質の向上・役割分担の在り方の検討、診療に係る死因究明制度等の検討などによる、医療・介護の安全体制の確保

20. 公立病院等の果たすべき役割を踏まえた重点化、効率化	・平成20年度までに、全都道府県において、拠点病院と地域の医療機関の医療機能の分化・連携への取組を含む、新たな医療計画を策定	○新たな医療計画制度を通じ、公立病院等が果たしてきた役割を踏まえた、拠点病院と地域の医療機関の医療機能の分化・連携
フォローアップ		
各取組の着実な実施を図る観点から、社会保障審議会等の場において、プログラムの実施状況について、PDCA の下に必要な検証を行い、必要に応じ政策手段の見直しを行う		

出所）「平成19年版厚生労働白書――医療構造改革の目指すもの（資料編）、III 制度の概要及び基礎統計―1厚生労働全般」

これは、「日本経済の進路と戦略」（2007年1月25日閣議決定）において、「医療・介護サービスについては、サービスの維持向上を図りつつ、効率化等により供給コストを低減させていくための総合的な取り組みを計画的に推進する」とされていることなどを踏まえて策定したものである。同プログラムは目標期間を2008年度から2012年度の5年間を基本とし、先般の医療構造改革関連法の施行を含め、可能な限り定量的な指標・目標とそれを達成するための政策手段についての具体的な取り組みが盛り込まれている[(7)]。介護予防の推進、在院日数の短縮、在宅医療・在宅介護の推進と住宅政策の連携、医師・看護師等の医療従事者の役割分担の見直し、後期高齢者の心身の特性に応じた診療報酬の創設（平成20年度に後期高齢者の診療報酬を創設）、医療・介護の安全性の確保などが盛り込まれている。政策手段として、在宅医療・在宅介護の推進では、ターミナルケアを含め在宅で療養を望む人の希望に応える体制づくりや地域における高齢者の生活の継続を支援するため在宅生活への移行や在宅ケアの充実。医療従事者や介護専門職の資質の向上・役割分担の在り方の検討。開業医の役割として往診・訪問診療、休日・時間外診療重視等が掲げられた。また、急性期は医療保険、慢性期は介護保険という仕分けを徹底させ、生活の場での療養が望ましいという方向性を打ち出し、医療ニーズが地域に拡散されることとなった。

2010年度の診療報酬改正では、訪問看護に「患者の状態に応じた訪問看護の充実」をあげ、重度の褥瘡のある者を重症者管理加算の対象とする、患者のニーズに応じた訪問看護の推進のための訪問看護管理料の引き上げ、毎日訪問が必要な終末期がんや特別訪問看護指示書の指示期間中の訪問看護療養費のステーション数の制限の緩和（それぞれ2カ所から3カ所へ、1カ所から2カ所へ）などが盛り込まれた。

また、在宅移行を支える医療機関評価として在宅移行早期加算（100点）の追加、在宅復帰を見越した地域連携評価として、入院中の医療機関の医師等と介護支援専門員が共同し、患者に対し退院後の介護サービス等について指導を行った場合の介護支援連携指導料（入院中2回。1回300点）等が新たに追加され、在宅への支援策が強化されたのが特徴である。

1-4. 介護職が行う医療的ケアの政策的な重要性

医療法改正の経緯から次のようなことがいえる。「医療適正化」という用語は、事実上、医療費抑制という文脈でとらえられているが、このスローガンの下で、「早期離床」「入院期間の短縮」「早期退院」が促進され続け今日に至っている。その結果として医療の守備範囲が予防から社会復帰までの包括的な医療から、急性期の治療重視となってきている。このことは、かつては医療の対象者であった者が、次第に介護保険制度の利用者にスライドしてきているということである。その対応のひとつとして、2012年4月からは、社会福祉士及び介護福祉士法の一部を改正し、介護福祉士のみならず、一定の研修と都道府県認定に基づき介護職にも「医行為」が実施できるような制度改革が行われる予定である。

「医療と福祉との連携」「地域包括ケアの推進」の中身は、看護師の負担軽減を図るという意味や、患者・家族サービスの推進を図るという観点からの役割分担と連携の意味にも解釈され、結果、介護職への医療拡大という形へと姿を変えてきているのである。

しかし、十分な検討期間を経ることなく政策主導で進められ、現場のニーズからも実施を余儀なくされている医療的ケアに対し、介護職の不安は想像に難くない。次章以降では介護サービスにおける医療的ケアの実態に関する調査結果を踏まえ、問題の所在と解決策を考察していく。

［注］

(1) 厚生労働省：平成 21 年度医療費の動向

(2)「日本型福祉国家の形成について、戦後 30 年社会問題を深刻化させることなく経済成長を謳歌できたのは、企業と家族という共同体あるいは類似共同体の存在である。類似共同体である日本の企業は、三種の神器として制度化された終身雇用、年功序列、企業別組合に基づく経営により、先進国の福祉国家がになった雇用保険機能や生活保障機能を企業が吸収したと言えると述べている。さらに日本における高度成長期は公共事業中心の土木国家であり、公共事業は農民と中小企業という旧中間層の生活を保障する所得配分政策であったと述べている」(神野、2010)。

(3) 鈴木善幸内閣の基で、「増税なき財政改革」を達成すべく、行財改革案についての審議が行われた。土光敏夫が会長を務めた。

(4) 1983 年から施行され、外来で月 400 円、入院 1 日 300 円となり、その後段階的に引き上げられ、2001 年からは定率負担が導入されている。

(5) 伊藤周平 (2002)

(6) 医療の必要性のある観点から患者を三分類し、1 日当たりの点数に 1.000 点 (10,000 円) 近い評価値を設定した。医療区分 3 及び 2 は入院患者の状態に照らして比較的重度の場合に限定され、医療の必要性が低いと医療区分 1 となり、医療区分 1 が多いと病院経営が悪化する。

(7) 医療制度を将来にわたり持続可能なものにしていくために、生活習慣病対策の推進などを含む予防重視の取り組み、国及び都道府県の医療適正化計画の策定、高齢者患者負担の見直しや高齢者医療制度の創設などが盛り込まれている。

［参考文献・参考資料］
厚生労働省（2010）「平成 20 年度国民医療費の概況」平成 22 年 11 月 24 日
厚生労働省（2011）「平成 21 年度医療費の動向」
神野直彦（2010）『「分かち合い」の経済学』岩波新書
伊藤周平（2002）『「構造改革」と社会保障』萌文社、p71.

第２章　医療的ケアにおける不安の実態

本章では、医療との密接な連携が求められている介護現場において、介護職が医療的ケアに対して抱く不安の現状を明らかにし、質の高い介護サービスを提供するための課題を探る[1]。特に高齢者福祉施設における医療的ケアの実施の現状の調査を基に議論する。高齢者福祉施設の特徴として、利用者の多くは加齢・高齢による疾病、慢性疾患などを持っている。そのため、高齢者介護施設では他の介護施設よりも医療的ケアが求められることが多い。今後、医療と介護の連携が進むことで、医療的ケアが必要な利用者が増加すると推測される。

このような問題意識を背景にして、現在、高齢者介護施設での医療的ケアがどのように行われているのか、そして、介護職の不安の状況と要因を明らかにしたい。介護現場における医療的ケアの不安のありようは、今後の医療介護連携のあり方にも大きな示唆を与えると考える。

本章では「高齢者ケア施設における看護、介護サービス提供の実態およびサービス提供時の不安要因に関する調査」の結果と、そこから得られた含意を報告する。調査対象とした医療的ケアは、53 種類である（調査についての詳細は巻末を参照のこと）。

【図 2-1】医療的ケア実施の有無

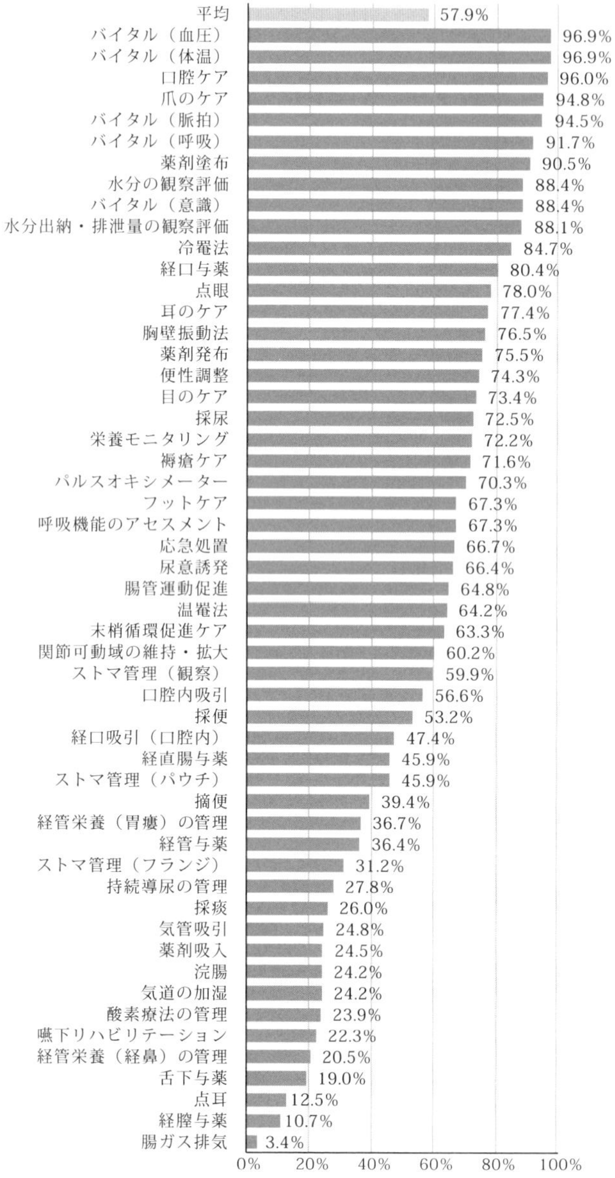

2-1. 医療的ケア実施の有無

最初に実施されている医療的ケアについて概観する。

「バイタルサインの測定」や「水分抽出のモニタリング」といった観察・測定に関する項目や、「口腔ケア」や「フットケア」といった身体の状態を快適に保つためのケアに関する項目は高い割合で実施されていることがわかる（図2-1）。

2-2. 不安の有無

医療的ケアごとに、介護職が不安を抱いているか有無を調査した（図2-2、次ページ）。

その結果、それぞれの医療的ケアについて不安があると回答した割合の平均は、37.2%であった。最も不安があると回答したのは「応急処置」で、64.8%であった。次いで「胸壁振動法」が64.5%、「意識のバイタル測定」が62.1%、「経口与薬」が56.3%となった。

平均よりも不安があると認識されている医療的ケアは24種類であった。

以上の結果からいえることは、介護職にとって

(1) 応急性や突発性がある医療的ケア

(2) 医療的専門性が高い医療的ケア

(3) 判断が求められる医療的ケア

が不安を抱かせる傾向にあると考えられる。

一方、不安があると回答した割合が少ない医療的ケアは、「採便」16.2%が最も低く、「点耳」18%「採尿」19.3%、「採痰」20.5%、「薬剤

【図 2-2】医療的ケアに関する不安の有無

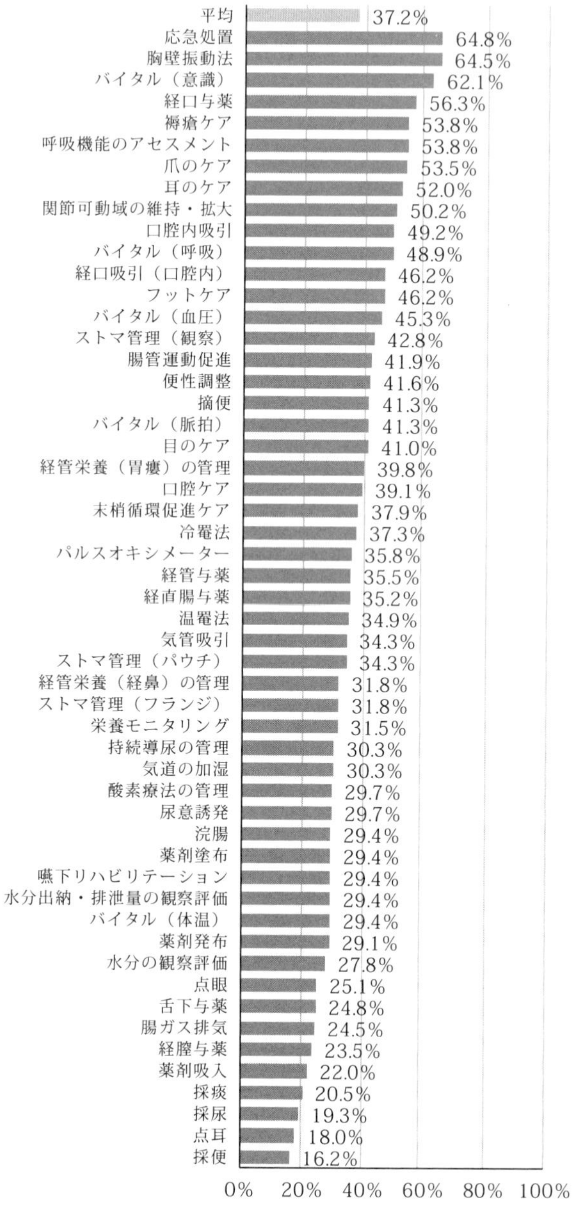

吸入」23.5％となった。不安があると回答した割合が2割以下の医療的ケアは概して応急性が低く、医療的ケアを実施する際に判断が求められない傾向がある。また、必ずしも医療的な専門性は高くないものになっている。

2-3. 研修を実施している医療ケア

医療的ケアごとに、どこで研修を実施しているかを調査した（図2-3、次ページ）。

その結果、医療的ケアの平均研修実施率は43.4％であった。30の医療的ケアが平均以上の研修実施率になっている。最も高い研修実施率は「バイタルサイン（脈拍）」で、上位はバイタルサインの測定関連が占めた。次いで「口腔ケア」「水分出納のモニタリング」「冷罨法」「薬剤塗布」「爪のケア」が、実施率が高くなっている。

実施率が低い医療的ケアを見ると、「腸ガス排気」が最も低く、8.9％となっている。次いで「経膣与薬」が10.7％、「点耳」が12.8％、「舌下与薬」が16.5％、「経管栄養（経鼻）の管理」が18.3％、「薬剤吸入」が18.7％となっている。

2-4. 研修先

次いで、研修が施設の内外どちらで実施されているかを見た（図2-4、29ページ）。その結果、「経膣与薬」と「腸ガス排気」を除き、多くの医療的ケアで、施設内での実施割合の方が高いということがわかった。

「経膣与薬」は施設内実施が5.2％、施設外実施が5.5％、「腸ガス排気」

【図 2-3】研修実施率（院内外区別なし）

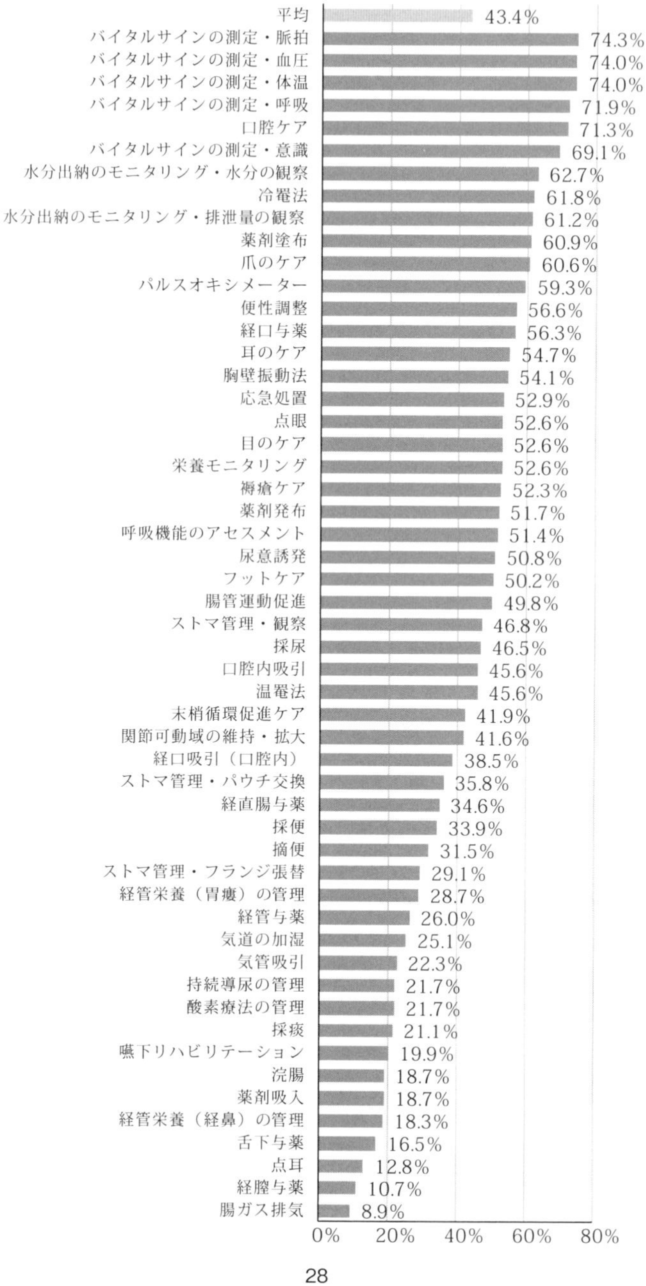

【図 2-4】研修先

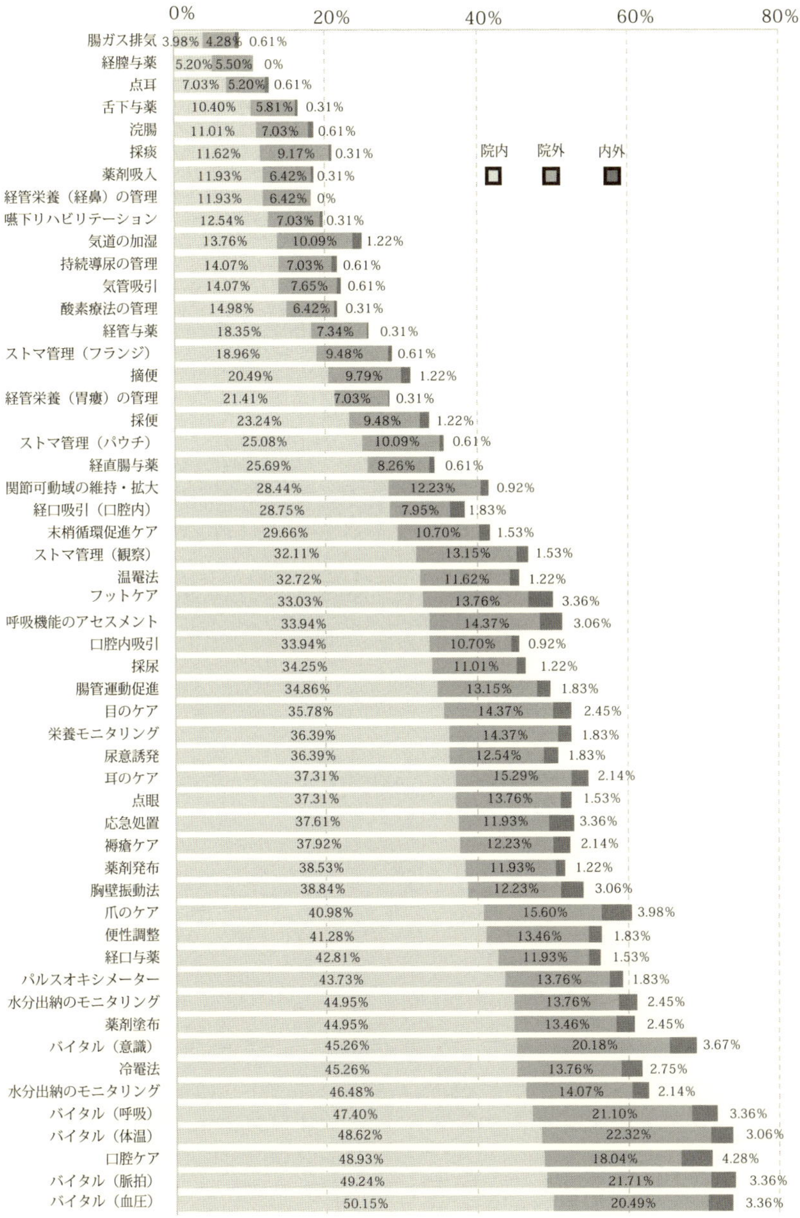
0%
20%
40%
60%
80%
院内
院外
内外
腸ガス排気 3.98% 4.28% 0.61%
経膣与薬 5.20% 5.50% 0%
点耳 7.03% 5.20% 0.61%
舌下与薬 10.40% 5.81% 0.31%
浣腸 11.01% 7.03% 0.61%
採痰 11.62% 9.17% 0.31%
薬剤吸入 11.93% 6.42% 0.31%
経管栄養（経鼻）の管理 11.93% 6.42% 0%
嚥下リハビリテーション 12.54% 7.03% 0.31%
気道の加湿 13.76% 10.09% 1.22%
持続導尿の管理 14.07% 7.03% 0.61%
気管吸引 14.07% 7.65% 0.61%
酸素療法の管理 14.98% 6.42% 0.31%
経管与薬 18.35% 7.34% 0.31%
ストマ管理（フランジ） 18.96% 9.48% 0.61%
摘便 20.49% 9.79% 1.22%
経管栄養（胃瘻）の管理 21.41% 7.03% 0.31%
採便 23.24% 9.48% 1.22%
ストマ管理（パウチ） 25.08% 10.09% 0.61%
経直腸与薬 25.69% 8.26% 0.61%
関節可動域の維持・拡大 28.44% 12.23% 0.92%
経口吸引（口腔内） 28.75% 7.95% 1.83%
末梢循環促進ケア 29.66% 10.70% 1.53%
ストマ管理（観察） 32.11% 13.15% 1.53%
温罨法 32.72% 11.62% 1.22%
フットケア 33.03% 13.76% 3.36%
呼吸機能のアセスメント 33.94% 14.37% 3.06%
口腔内吸引 33.94% 10.70% 0.92%
採尿 34.25% 11.01% 1.22%
腸管運動促進 34.86% 13.15% 1.83%
目のケア 35.78% 14.37% 2.45%
栄養モニタリング 36.39% 14.37% 1.83%
尿意誘発 36.39% 12.54% 1.83%
耳のケア 37.31% 15.29% 2.14%
点眼 37.31% 13.76% 1.53%
応急処置 37.61% 11.93% 3.36%
褥瘡ケア 37.92% 12.23% 2.14%
薬剤発布 38.53% 11.93% 1.22%
胸壁振動法 38.84% 12.23% 3.06%
爪のケア 40.98% 15.60% 3.98%
便性調整 41.28% 13.46% 1.83%
経口与薬 42.81% 11.93% 1.53%
パルスオキシメーター 43.73% 13.76% 1.83%
水分出納のモニタリング 44.95% 13.76% 2.45%
薬剤塗布 44.95% 13.46% 2.45%
バイタル（意識） 45.26% 20.18% 3.67%
冷罨法 45.26% 13.76% 2.75%
水分出納のモニタリング 46.48% 14.07% 2.14%
バイタル（呼吸） 47.40% 21.10% 3.36%
バイタル（体温） 48.62% 22.32% 3.06%
口腔ケア 48.93% 18.04% 4.28%
バイタル（脈拍） 49.24% 21.71% 3.36%
バイタル（血圧） 50.15% 20.49% 3.36%

は施設内実施が3.98％、施設外実施が4.28％となっている。この二つの医療的ケアは研修実施率自体も低いが、施設外での研修実施の割合が高くなっている。しかし、「経膣与薬」と「腸ガス排気」は、不安の有無という点では23.5％、24.5％に過ぎず、介護士にとって不安がある、医療専門的な要素が強いから施設外で研修を実施しているとは考えられない。

2-5. 不安の程度

医療的ケアの不安の程度を調査した。

すでに不安の有無について概観したが、不安の有無は介護職のうち、当該の医療的ケアに不安を感じるかどうかをとらえることが目的であり、不安の程度は不安を感じている介護職がどの程度深刻に不安を感じているかをとらえることが目的である。

不安の程度の平均値と標準偏差を見た（図2-5）。突発的に発生する「応急処置」や「バイタル測定（意識）」「胸壁振動法」「呼吸機能アセスメント」などが高い不安を感じる医療的ケアとして認識されている。反対に、「採痰」「採便」「点耳」「経膣与薬」が不安の程度が低い。

さらに、「不安の有無」と「不安の程度」を散布図にしたのが図2-6（32ページ）である。

その結果、不安の有無と不安の程度は相関しており、不安を感じる介護職がより多い医療的ケアは、感じる不安の程度も高いことがわかった。

53の医療的ケアに対する回答者の「不安の程度」の医療ケアごとの平均値は図の通りである。

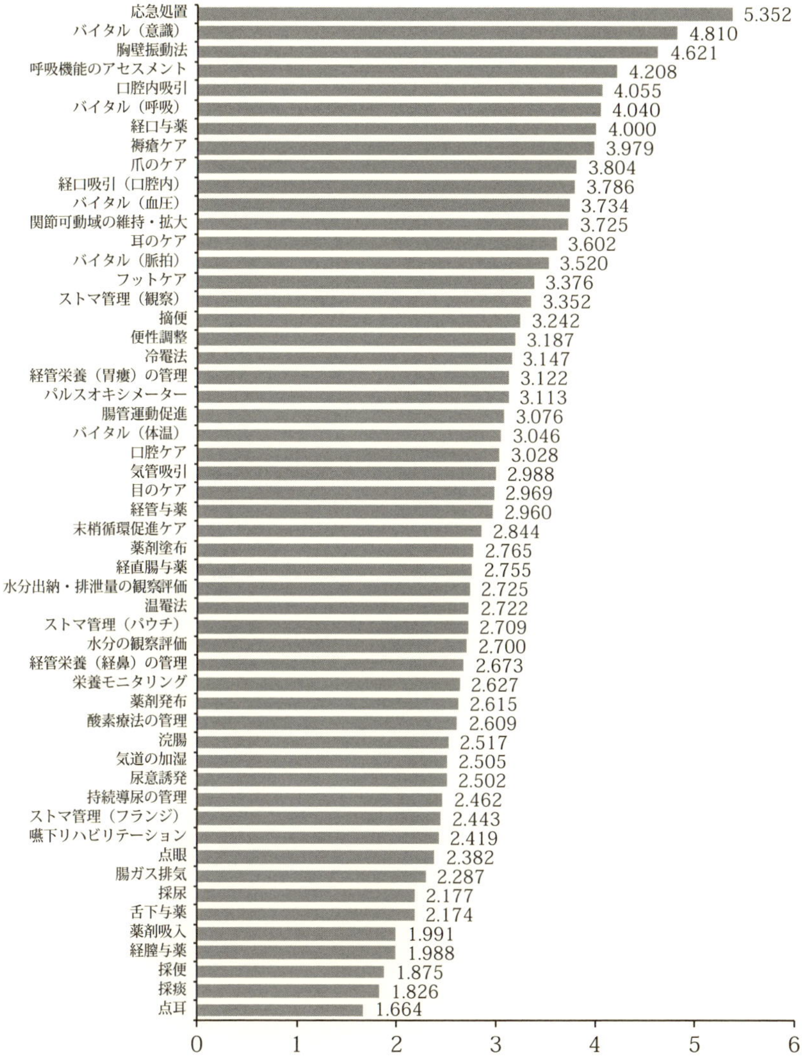

【図 2-5】不安の程度（平均値＋標準偏差）

【図 2-6】不安の有無と不安の程度の散布

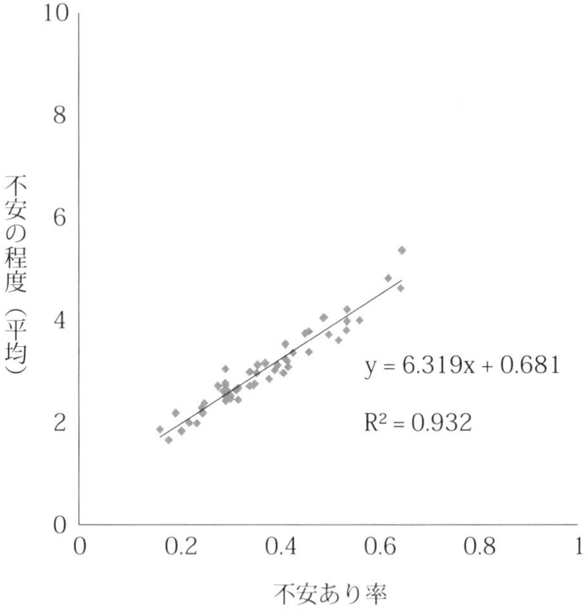

2-6. 研修率と医療的ケア実施率

「研修率」と「医療的ケア実施率」を散布図にした（図 2-7）。研修率は、((院内研修＋院外研修＋院内外研修の総計）／回答総数）によって算出した。

「研修率」と「医療的ケア実施率」を見ることで、各医療的ケアを下記のいずれかに分類することが可能であり、研修率と医療的ケア実施率の関係を見ることができる。

(1) 研修が広く行われ、医療的ケアとして実施する機会も多い

(2) 研修が広く行われ、医療的ケアとして実施する機会は少ない

【図2-7】実施あり率と研修率における線形近似

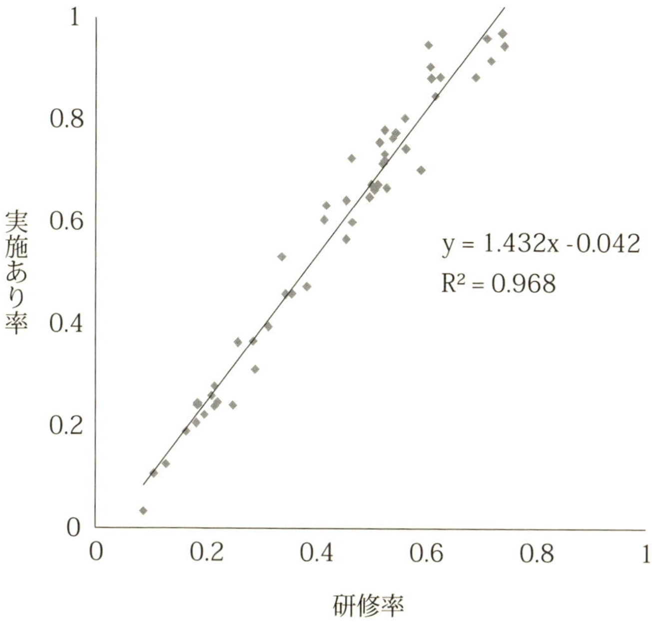

【表2-1】研修率、実施あり率ともに低い医療的ケア

No.	医療的ケア名	研修率	医療的ケア実施率
11	気道の加湿	25%	24%
21	腸ガス排気	9%	3%
28	嚥下リハビリテーション	20%	22%
33	舌下与薬	17%	19%
35	経膣与薬	11%	11%
40	点耳	13%	13%
41	薬剤吸入	19%	24%
42	酸素療法の管理	22%	24%
43	経管栄養（経鼻）の管理	18%	20%
46	持続導尿の管理	22%	28%
47	浣腸	19%	24%
49	気管吸引	22%	25%

(3) 研修はあまり行われないが、医療的ケアとして実施する機会は多い

(4) 研修はあまり行われないが、医療的ケアとして実施する機会も少ない

中でも、医療的ケアを実施した経験が多いにもかかわらず、研修でフォローされていない場合、今後、研修を整備して、介護職の知識やスキルを強化する必要がある。線形近似を算出した。

その結果、R2 = 0.9685であることから、医療的ケアの実施率と研修率は説明ができるということがわかった。このことから、「研修を実施している」ことと、「医療的ケアを実施している」ことに関係があるといえる。

「多く医療的ケアを実施していること」と「研修が行われていること」の間には、以下の関係が想定される。

(1) 研修を受けることで、医療的ケアの実施が促進される（知識があることで、医療的ケアを実施することができる）

(2) 実施する機会が多い医療的ケアについて、研修が行われている(実施する機会の多さに基づいて研修が企画されている)

2-7. 研修率と不安の有無

研修が行われている割合と、不安の有無の関係を見る。研修が高い割合で実施されている場合、不安が低いならば、研修の効果がよい形で影響を与えていると考えられる。反対に、不安が高いならば、研修が十分に現場での不安を解消することに貢献していないということになる。

また、研修があまり行われていない場合、不安が高い割合になるならば、研修を徹底させることで不安を解消する可能性がある。反対に、研

【図 2-8】研修率と不安あり率における線形近似

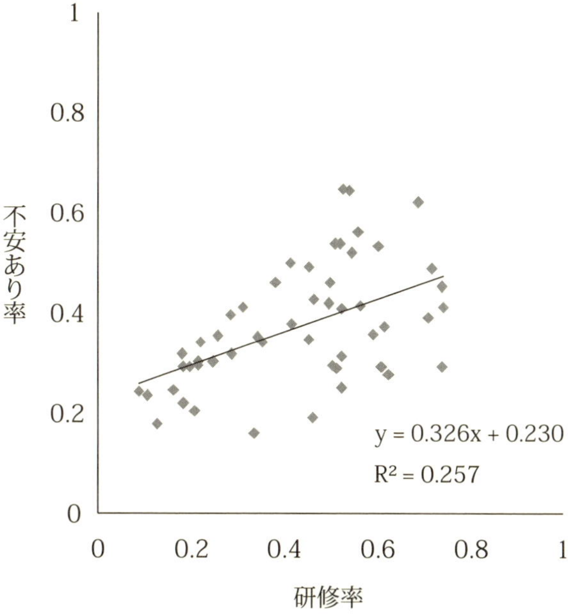

修があまり行われていないにもかかわらず、不安が高くないならば医療的ケアが比較的容易か、もしくは現場のスタッフに当該医療的ケアのリスクについて認識がないということができよう。

この散布図（図 2-8）の線形近似の結果、R 二乗は 0.25 となり、二つの要素間の説明は十分でないとわかった。「不安がある」と「研修を受けた」という二つの要素の間を説明することは難しい。「研修を受けた」ことで、「不安がなくなる」ということはいえないだろう。では、現場のスタッフが医療的ケアを実施する際の「不安」と「研修を受けたこと」の間に関係がないのだろうか。そこで、「不安の有無」ではなく、「不安の程度」との関係を見てみる。

2-8. 不安の程度と実施あり率

これまでは、「不安がなくなる」と「医療的ケア実施率」「研修率」の関係を見てきた。しかし、「不安がなくなる」わけではないが、「不安が軽減する」ことと「実施あり率」「研修率」の関係を見ることで、そこに関係性が見いだせるかもしれない。そこで、「不安の程度」と「医療的ケア実施率」について散布図を作成した。線形近似を算出した（図2-9）。

医療的ケアごとの「不安の程度」の平均値と「実施あり率」の散布図で線形近似を算出した結果、この二要素間に負の相関があることがわ

【図 2-9】医療的ケアごとの「不安の程度」の平均と「実施あり率」の線形近似

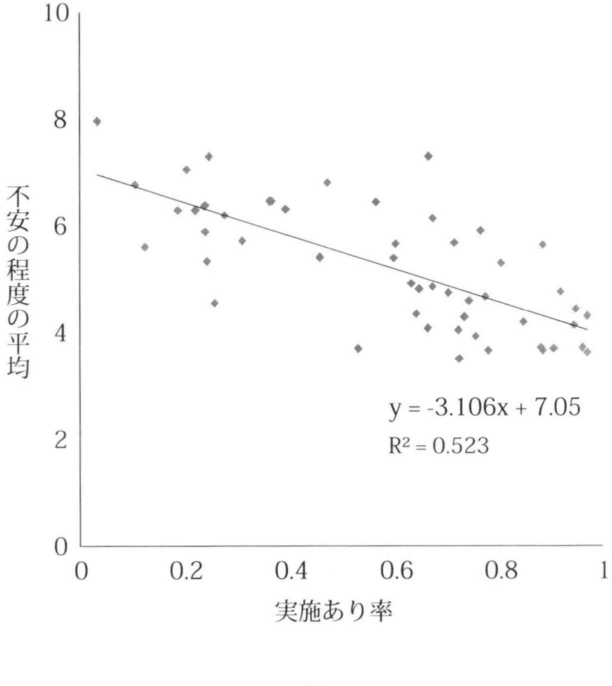

かった（R二乗は0.52）。

このことから、「実施したことがある」ことによって「不安の程度が軽減される」ことがいえるだろう。これは実施の経験によって、不安が払しょくされる（不安が全くなくなる）わけではないが、不安が軽減されるのではないかと推測される。

2-9. 不安の程度と研修率

次に「不安の程度」と「研修率」について散布図を作成した（図2-10）。「研修がある」ということと「不安の程度」の関係を見ることができる。線形近似を算出した。

【図2-10】医療的ケアごとの「不安の程度」と「研修率」

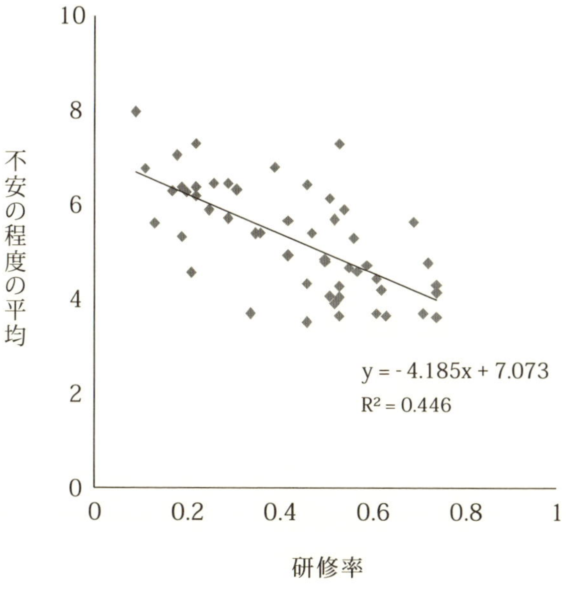

医療的ケアごとの「不安の程度」の平均値と研修率の散布図を作成し、その線形近似を求めたところ、R 二乗が 0.44 となり、この二要素間に負の相関があるということがわかった。

研修率が高ければ、医療的ケアの不安の程度は低いということである。「不安の有無」と「研修率」の間には相関がないが、「不安の程度」と「研修率」には負の相関があるということであり、研修を受けることで、「不安」を完全に払しょくすることはできないが、「不安」の程度を緩和することができるということである。

2-10. 年代と不安の程度

年代と不安の程度の関係を見た。結果、30 歳代が最も不安の程度が高かった。

【図 2-11】 年代と不安の程度のクロス集計（高低）（%）

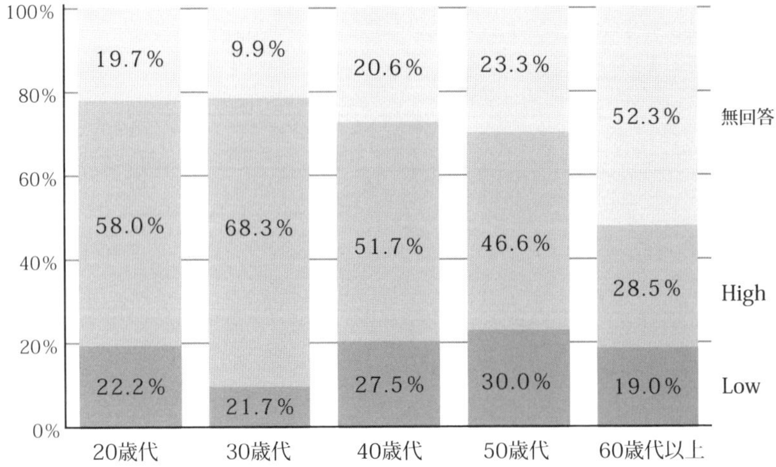

【図2-12】最終学歴と不安の程度のクロス集計（高低）（%）

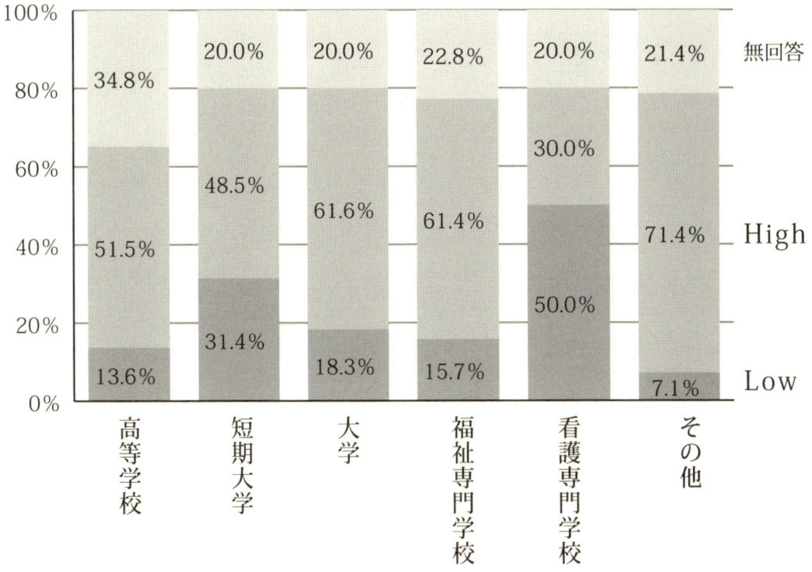

2-11. 最終学歴と不安の程度

最終学歴と不安の程度をクロス集計したところ、看護専門学校出身の回答者は不安の程度が低いことがわかった（図2-12）。看護に関する専門知識と研修経験が不安の程度を軽減させていると考えられる。

2-12. 保有資格と不安の程度

保有資格と不安の程度のクロス集計では、看護の専門知識が介護の現場における医療的ケアに対する不安軽減の鍵になることがより顕著になった（図2-13、次ページ）。看護師の資格を持っている回答者は不安

【図 2-13】保有資格と不安の程度のクロス集計（高低）（%）

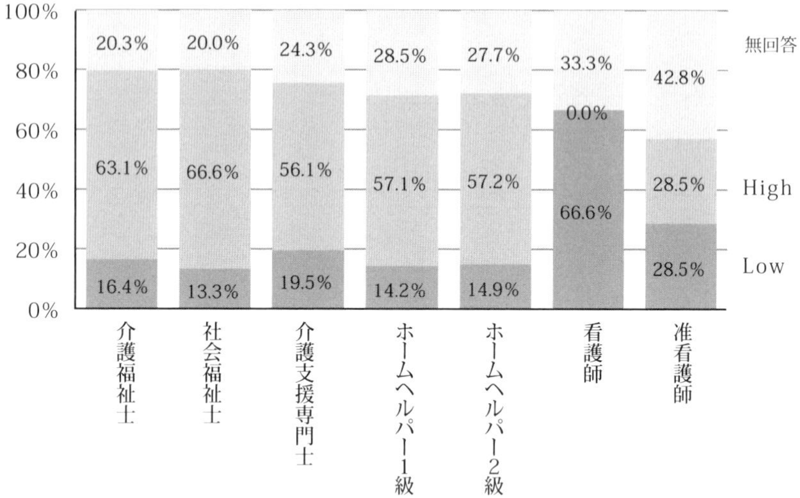

の程度が圧倒的に低い。次いで、准看護師の資格を持っている者も不安の程度は低い。しかし、他の資格の保有者は医療的ケアに対して高い不安を抱えている。

2-13. 他施設での経験年数と不安の程度

他の施設での経験年数を含めた経験年数と不安の程度の関係についてみると、図 2-14 のように、「3 年以上 5 年以下」までは高不安率が低減している。しかし、「3 年以上 5 年以下」以降、「10 年以上」まで高不安率が上昇している。これは 3 年から 5 年という介護職としての一定の経験をする中で、医療的ケアについてある程度の理解やスキルが身についていくことで不安が低減していったことが推測される。

しかし、再び高不安率が急激に上昇し、「10 年以上」になると、「1 年

【図2-14】不安の程度（高低）と他施設での経験年数の違い

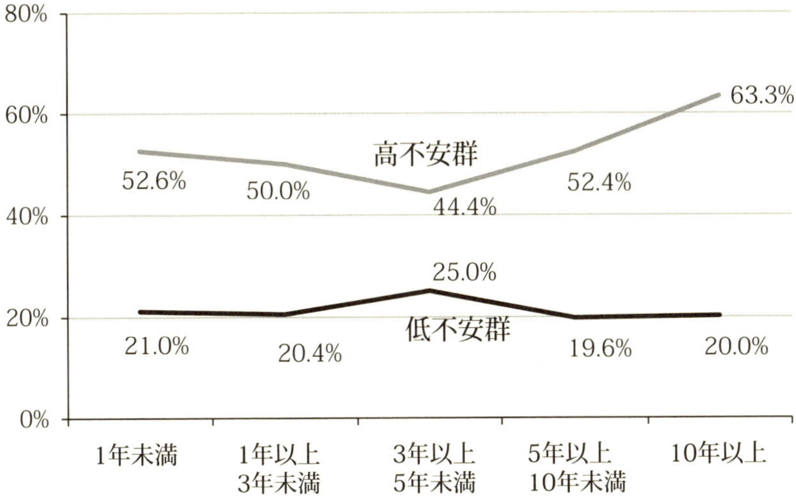

未満」よりも高い不安の程度に達している。このことから、経験によって不安の程度が低減される一方、経験することで新しい「不安」が認識されるようになったのではないかと推測できる。

2-14. 質的調査

以上、量的調査を通じて、介護職の医療的ケアに対する現状を考察した。次に、介護職の医療的ケアに対する意見や思いについて、インタビューを通じて個別具体的に調査した。インタビューは半構造化した質問によって行った[2]（表2-2、次ページ）。

【表 2-2】インタビューの質問内容

・属性の確認（年齢、総経験年数、現在の勤務先の勤務年数、保有資格）
・働き方の確認（役職の有無、夜勤の有無）
(1) 医療的ケアに対しての指導・教育体制
（ア）医療的ケアを行うためにマニュアル等は用意されているか
（イ）医療的ケアをすることに備えて、勤務先での教育体制は整えられているか
（ウ）医療的ケアをする場合、誰かから指導を受けたことがあるか
(2) これまでに介護現場で医療的ケアを行ったことがあるか
（ア）勤務先で多い医療的ケアはどのような行為か
（イ）どのような事柄に不安を抱いたのか
（ウ）具体的行為を行う上での不安の場面について
①やらなければならない時の気持ち
②やっている時の気持ち
③やり終わった時の気持ち
(3) 自らが行う医療的ケアの実施に対する考え方について
（ア）指導・教育体制が整えられていれば、利用者のために行いたいか
①行いたいと思う理由
②行いたくないと思う理由
（イ）医療的ケアをする・しないを問わず、知識を得るために研修等を受けたいか
(4) 介護職が医療的ケアを行うことに対する意識
（ア）医療的ケアの実施に対してどう考えているか
①肯定的に考える理由とは何か
②否定的に考える理由とは何か
（イ）介護現場ではどのような形で医療的ケアを行うことがよいか

2-15. インタビューの視点

介護職からの聞き取りによる質的把握では、次の５点が重要である。

第一には、現状の「医療的ケアに対しての指導・教育体制」についてである。これは量的調査においても医療的ケアごとに研修の実施という形で把握した。質的調査においては、量的調査でとらえた全体的傾向と

は別に、個々人の肉声の中に埋め込まれた実務的・暗黙知的な表現をとらえることが目的である（聞き取り調査質問項目（1）医療的ケアに対しての指導・教育体制、に該当する）。

第二には、「介護現場で実際に行った医療的ケア」についてである。医療的ケアごとの実施状況については、量的調査において全体的な傾向は把握できている。質的調査においては現場の介護職がどのような表現やニュアンスで、彼らが実施している医療的ケアを話すかを把握し、数値的に把握することが難しい生の声を理解することが目的である。よって、医療的ケアを実施する際の不安や気持ちなどをとらえることが重要である（聞き取り調査質問項目（2）これまでに介護現場で医療的ケアを行ったことがあるか、に該当する）。

第三には、「自らが行う医療的ケアの実施に対する考え方について」である。これは教育・研修体制が整備されたとして、そのような環境の下で医療的ケアを実施することにどのような心理的な葛藤が存在するかという推測を促す質問項目である。現在の状況下で医療的ケアを実施する際に生じる不安（有無、程度）については量的調査で把握することができているが、将来的に環境が整備された際の心理的葛藤については量的調査で把握できていない。特に、その際に「知識」を獲得することについての介護職の立場・見方を把握することが目的である（聞き取り調査質問項目（3）自らが行う医療的ケアの実施に対する考え方について、に該当する）。

第四には、「介護職が医療的ケアを行うことに対する意識」である。医療的ケアを介護職が実施することに対する介護職自身の肯定感・否定感をとらえることが目的である。これは量的調査においては把握することができていない。また、介護職から見た「理想的な医療的ケア」のあり方についても質問していることから、医療的ケアが現在の介護職にとって、どのような意味付けにあるかを把握することができる（聞き取り調査質問項目（4）介護職が医療的ケアを行うことに対する意識、に該当する）。

さらに、第五には、「介護現場におけるアクターについてのとらえ方」である。特に高齢者対象の介護現場においては、介護職のみならず、看護職、医師が協働することが必要となるが、このような環境における介護職、看護職、医師、利用者（患者）の関係、認識はどのようなものかをインタビューの内容からニュアンスとして把握することが目的である。

2-16. インタビューの結果

インタビューの結果、医療的ケアに対する介護職の意見や思いを収集し、以下のようにまとめた。

2-16-1. マニュアルの存在

介護現場で医療的ケアに対するマニュアルや規則が存在しているかについて質問した。医療的ケアについて規定した文書の有無は、実際に医療的ケアを提供する介護職の心理に大きな影響を与えるものと考えられる。インタビューの結果は、具体的に医療的ケアのマニュアル・規則を整備している介護施設は多くなく、「感染症対策」や「緊急時対応」のマニュアルについての言及が多くなっている。また、「介護職に向けた」マニュアルはないという意見もあった。

➢ 感染症対策とか、マニュアルはたくさんあるのですが、（医療的ケアの）ものはありません。

➢　一応緊急時の対応マニュアルはあります。

➢　緊急を要するときのマニュアルというかたちでは用意されていますが、細かいバイタルチェックとか、こういうときにはこう処置をしろというような細かいマニュアルになっていません。

➢　バイタルチェックとか、基本的なマニュアルはあります。しかし、介護職用の医療的ケア全般のマニュアルはありません。

➢　それこそ酸素のやり方とか吸引のやり方とか、そういうものは介護職用のマニュアルはないです。

また、マニュアルの存在と実際の運用上の不安点についての言及もあった。マニュアルを整備し、介護職が理解していても、実際に介護現場で役立つかどうかは率直に不安だと吐露している。

➢　救急時に誰かが転倒して、頭から大量の出血だとか、そういうときに落ち着いて連絡を取らないといけないのですが、なかなか落ち着くということができなくって、あたふたしてしまいます。マニュアルがあって、頭に入れていても、実際にはぽんと飛んじゃうと思うので、結構怖いですね。

介護職向けの医療的ケアのマニュアルが未整備の中、介護職は実際の経験を通じて修得していく現状をうかがわせる発言もあった。

➢　すべてが好意的に対応してくださるご家族ならいいのですが、なかなか難しいです。同じケースはないので、本当に怒鳴られながら覚えてくようなところがあります。

2-16-2. 研修の重要性

「研修を受けること」と「実践を積むこと」が満たされて初めて不安が軽減されるという介護職の意見もある。その意味で研修の重要性を訴えている。研修は基本的に受け、医療的ケアに対する知識・スキルを用意しておくことに意味があるという意見もあった。新人の介護職の方がよく知っているという声もある。介護現場では医療的ケアに対する知識やスキルがまばらな状態にあることがわかる。

- 口腔ケアや吸引の方法とか全然やったこともなくて、できるのか？という不安はありました。研修を受け、実際やってみると、看護師から教えてもらいながら、少しずつ上達しているなと実感しています。
- 研修が、しっかりできていれば安心できるかなと思う。万が一に迷ったときのフォローをして下さる方もいれば、やらざるを得ないなと思います。特に看護体制がしっかり整っているのであれば、心配はいらないのですが、訪問や特養ではサポートが必要だろうなと思います。
- 基礎的な知識を座学で学んだ上で、実技として講習を受けるというスタイルの方が、やはり自信にもなります。これでやれるっていう気持ちと、自分自身が研修を受けてきたということで安心感につながると思う。
- 医療的ケアを全く見たことがない、経験したことがないっていう介護職も多いですから、研修は受けた方がいいと思います。
- 今では新人さんの介護職の方が知っている状態です。
- 利用者を動かしてあげたいのですけれども、痛がる人も結構いるので、どこまで動かしてあげればいいのかなという、その加減が、人それぞれあるじゃないですか？　研修も何も受けていないので、どうやったらいいのか分からないという部分が結構あります。

➢　ケアワーカーでも研修を受けて、医師が許可した人は、胃ろうや経管の注入、抜去などをしています。あくまでも14時間研修を受けてゴーサインもらった人がやるということですが。

➢　介護職と看護職って絶対的に人数が違うので、介護職もどうしてもやらないといけない部分があります。日常的にやらないといけないのであれば、医療的ケアをしていいと認めてもらってから、その分を加算で取ってもらえるならいいですね。(医療的ケア) 一個一個について、やってもいいっていうのを認めてもらって、専門学校でもカリキュラムに取り入れて、研修もしっかりしてもらった上で、やった方がいいと思う。でないと、何で刺したんだという問題が起きてくると思う。

医療的ケアが一般化するとともに、対応した研修も整備され、認定証を出してもらうといった流れができれば、医療的ケアについての不安も考え方も変わるという意見もあった。

➢　まだ不安なところがある。これから何年かたって、研修が充実してきて、誰もが研修を受けるという環境が整って、当たり前のようになってくると、(医療的ケアについての) 考え方も変わってくるのかなって気もします。

➢　しっかりと勉強のシステム、研修をして、認定書をもらうっていうふうにしてもらえれば、やっていこう、やらなくてはいけないなという気持ちはあります。

➢　利用者さんのためというのが大前提なんだけども、要は僕らが一番考えるのは介護保険施設に医療の手がなかなか入れない状況にあるじゃないですか。要は看護師さんですね。看護師さんが、集めても病院でも看護師さんが集めるのが必死な状態であるのに、要は、介護保健施設に看護師さんがどれほど集まるかっていうと、ここが生活の場の中で治療のことを非常に必要になる人が実際にいるわけですよね。

また、介護サービス組織として、「医療的ケアの経験者を採用」するところがあると指摘している介護職もいた。一定の経験者を採用することで、医療的ケア研修のコストを抑えようという介護サービス組織の方針がうかがわれる。施設の規模や経営状態によっては、研修体制が十分に整備できないことも考えられる。現場主義的な気風をどのように克服していくかが重要な視点である。

➢ 基本的には教わるということはなくって、任されることは大体前の施設とかでもやっていたことであって、全くの初心者が入ってくるということが今現在あんまりなくって、その人たちには介護の方でこうやるんだよっていう話は、そのときそのときに教えていくという感じで、基本的には看護師さんの方からこうやるんですよっていって言い聞かせられるというか、研修みたいなことはやっていない感じになっています。

2-16-3. 知識の重要性

医療的ケアを実施するかしないかは別として、そのような知識があること自体が医療職との関係上、価値があると重要性を認めている。

➢　一応勉強はしているのですけど、知識的なものは劣っていると思います。判断の材料がちょっと、難しいかなって思います。
➢　研修システムがしっかりあれば、介護職がやらざるを得なくなる。もちろん介護職も自信を持ってやると思います。しかし、どうしても介護職は知識を十分に勉強してからでないと難しい。介護職は自分の仕事に自信がないわけではないですけど、医療的なことになると、一歩引いてしまう介護職は結構いると思います。そういう意味でもスキルアップとして、介護職もいろんなことに携わっていきたいなと思ってる。
➢　知識は本当にどんなにあっても良いと思います。看護の知識も持っていても良いと思います。薬に関してもそうです。

現在の利用者の状況に基づいた医療的ケアの知識を学ぶという「対処的な学習」に言及している。これは専門性としての医療的ケアの知識・スキルではなく、必要なことを今学ぶという段階にある。介護職の専門性を高めるという視点から言えば、研修の意図が違う方向にあるといえよう。

これは介護職が本質的に持っている「利用者のためになることをしたい」という意識に根ざしていると考えられる。

➢　今いる利用者に基づいてというところであるので、今対象の利用者がいないという医療的ケアになると、知識として軽く流すぐらいの感じになってしまう。今後そういう利用者が入所されたときにまたあらためて自分たちの中で確認が必要になってくる。
➢　ずっと自分なりに勉強はしてきましたし、看護師の方にもいろいろ聞いてきたし、知識は得てきたつもりなのですが、医療的ケアに対しての怖さというのはある。それでも利用者の方を助けたいという気持ちは大きいので、今後も知識は求めていきたいなとは思います。

➢ 違法だと感じながらやるのも嫌なのですが、利用者さんのことを考えたら、いいんじゃないのかなとは思います。

2-16-4. 経験と慣れ

医療的ケア実施の際に、研修や知識が有効であると介護職の多くが認識している。しかし、研修や知識があっても、慣れていなければ実際には医療的ケアを実施することは難しいという意見も多かった。

医療的ケアの経験を数多く積むことで、医療的ケアに対する慣れや熟達が生まれ、不安を軽減できると答える介護職が多かった。この「医療的ケアへの慣れ」も介護職の医療的ケアへの姿勢に大きな影響を与える要素である。量的調査で、保有資格や出身学校の属性が不安の有無に影響を与えている傾向があったのも、この慣れによるものと考えられる。

➢ 慣れもあるけれども、逆にその部分でかかわりを同じ方とずっと持てているので、イコール家族さんとのかかわりも持てているので、最初はやっぱり技術のために職場を変えるとかもありっていう部分ですごく考えていたんですけど、利用者だけではないので、家族とのかかわりも大切だと思って、また教えられることもすごく多いので。状態変化によって今回もそういう風な現状があったっていうことで家族さまには勉強させていただきましたって、ADL が下がることはよくないけれども本当に日々勉強だなとは思うので。何かこういうディスカッションの場は必要だし、してみたいなって、また機会があれば参加したいなって思いました。

また、医療は学校で習うだけは不十分で、現場で覚える必要があると答えている。研修体制の整備の上でも、実技の重要性に考慮しなければならないだろう。

➢　学校で習う医療はたぶん、表面的な、枠組みだけを教わる感じだなと思ってます。実際、現場に行くとそれより深い部分が必要になってくるので、足りないです。現場で覚えていくしかないっていう部分が大きいですね。

ただ、経験を積んで慣れればいいという問題でもないことがうかがわれる発言もあった。経験を積むことで、介護職側が手抜きをして楽をしようという心が生まれることを懸念している。また、それを予防するためにも知識が重要だとしている。

➢　経験が長いからとか、そういうのって経験が少ない人よりは知識があるのかもしれないけど、反対に、経験が長いと悪いところも出てきます。慣れって怖いって本当に思います。だから10年過ぎて、この特養に戻ってきてそれを感じます。初心は忘れちゃいけないと思うんですよね。やっぱり経験が長くなってくると、ずるくもなるし、楽をしようとも思うので。

2-16-5. 研修を受けてもしたくない

医療的ケアにおいて、研修や知識の有効性を認める介護職が多い一方で、研修を受け、知識があっても「実際にはやらない」「やりたくない」「咄嗟にはできない」「不安が残る」と答える介護職も多い。

具体的には、研修内容の見直し、介護職への権限委譲を含む法制度や資格制度の整備が求められている。

- 基本的に研修を受けた人で、一応非正規雇用の人にはやっぱりやらせないようにしていますね。そのときいる職員の中で、できるだけ経験の多い職員がやるようにしています。
- うちのフロアは一応研修を受けていますが、実際にはやらないです。ただ、こういうケアがあるっていう感じです。
- 不安は不安ですよね。というのは、研修は受けるとしても実際にはやってはないので。
- （医療的ケアに前向きなら）看護師になった方が良いと思います。自分は何が嫌だっていう、根本的にあんまり興味が湧かなかったので（介護職になりました)。なので、看護ではなく、介護をやりたい。研修を受けて慣れていけば、できます。でも、正直あんまりやりたいとは思わないですね。
- 研修を受けても、状況がそれぞれ違ったりとか、とっさに迷うことがたくさんあります。新人や経験の浅い人と一緒に組んだとき、自分が対応に当たれないときの不安がある。

研修を通じて、医療的ケアの知識は一応入っていても、現場では即座に動けないと語っている介護職もいた。フロアによっては講習を受けないと夜勤に入れないと答えていることから、講習（研修）と実施の関係性は「実施の要件として研修を位置づけている」と考えることができる。量的調査の分析において、研修率と実施あり率の高い相関がみられたが「医療的ケア実施の要件として、研修を要求している」という現場の因果関係で説明できるだろう。

- 介護職が医療行為みたいなことをする場面はそんなにないのです

けど、逆にないからこそ、自分たち介護職しかいないときにやらなければならない場面になったときが不安です。その場数を踏んでいないというところで。一応研修で頭には入ってはいるのですけど、いざというときに動けるかといったら、一回頭の中で「どうするんだっけ？」って考えてしまうので……。

2-16-6. 教育・経験以外の障壁

以上、「研修の実施」、「知識獲得」、「経験蓄積」によって、医療的ケアの不安は解消されるのではないかという点は介護職の多くは認めている。しかし、現状の介護職の厳しい労働環境（特に賃金条件）下で、一定のリスクがある医療的ケアをやることへの戸惑いは払しょくできないという意見も多かった。

このような現場介護職の声は、たとえ、医療的ケア教育を整備したとしても、介護職の医療的ケアを支援する総合的な制度整備を行わなければ、障壁は存在し続けるだろうということを示唆している。

このような総合的な支援制度の欠如を指摘する介護職がいる反面、看護師と介護職の実施可能な範囲を明確にした上で、介護職のスキルの向上を優先すべきだという発言もあった。

➢ 周りの職員の声を聞くと、よく出るのが、今の低賃金でそこまでのことを何でやらなきゃいけないのかということです。もしかしたら、事故につながること、リスクの高いことを今の賃金でやらなきゃいけないのは何でだ？　とよく言われます。どの介護職もリスクを負いたくないと思っているので、仮に研修を受けたとしても、そのリスクは負いたくないという声を聞きます。

➢ 普通救命講師の普通だと１年で講習が切れていっちゃうので、その中でいくと１年後には確実にもう一回勉強ができるという意味ではすごく役立つので、ぜひ、組織的に取り組んでもいいのかなと思いますけどね。例えば変な話、交通事故が目の前で起きたら、「僕らが手を出すよね」というのと同じような感覚っていったら語弊があるかもしれないのですけど、やっぱり苦しんでいる人を見たら助けないといけないと思います。そうは言っても指導教育体制というのはなかなか整備されていないですし、講義で聞いても、実技研修がないのがすごく不安です。

➢ 看護師ができる範囲、介護職ができる範囲というものがあると思うし、取りあえず介護職ができる範囲の技術を向上するために支援、教育体制を整えていくことが大事だと思いました。

医療的ケアについて指導を受けたことがあるものの、その指導内容が「感覚」に頼るものだったため、不安が残ると答えている。これは研修内容の問題を指摘したもので、総合的な支援制度の検討とともに、医療的基礎知識が不足している介護職への医療的ケアの研修という専門性を超えた教育内容の開発であるということから、今後も知識体系、教育方法の研究開発が重要な課題であるといえよう。

➢ リハビリの方で指導を、院外で指導を受けてはいたのですが、やはり苦痛表情が出る人は良いんですけれども、出ない方に関して、感覚的な、これ以上は無理だなっていうところで抑えてね、みたいな、簡単に言うと、そういう感じでの研修だったので、どの程度が制限なのかというところを見極めるのが、やはりこれ以上いったらポキッといっちゃうかなとか、筋が伸びるとか、そういうところがあるのかというところで、やはり不安な部分として挙げてます。

介護職にとっては、自分の判断で医療的ケアを行うことが要求されていることが不安を感じさせる原因であることがうかがえる発言も多い。

- ➢ 知識はないよりは確かにあった方がいいと思います。しかし、テレビでも報道されているように、医療の問題でたたかれたりとかすると、そこがトラウマになってしまう。二の足を踏んでしまうっていうところも正直言ってあります。やりたいって思うし、助けたいとも思うけれども、どこからが介護で、どこからが看護みたいなのを考えると、簡単に踏み込めない。命を預かってるから、自己判断で何かになっちゃうって思ったら余計怖いかなっていうのもある。
- ➢ どこに相談したらいいのか、先輩なり、よくわかる人がいれば安心する。これはいいんじゃないっていう素人判断をするにしても、やはり根拠がないですから。
- ➢ 鼻からの吸引などは、これで大丈夫かなっていうのもある。意識レベルの低下の判断みたいな。ここで、在宅のときも自分で判断をしなくちゃいけないお宅があって、そういうのがすごく怖かったですね。ここでもっと酸素の量を上げるとか、ちょっと落ち着いてきたら下げるとか、そういう判断とか。そういうのが怖いかな。
- ➢ 実際うちのフロアで、この間あったのが、誤薬です。でもその職員は誤薬を認めなかった。利用者に確認をしなければいけないけれど、相手も飲んでるんですね。周りの人たちもしっかりしてらっしゃる方で、「いつもと違う薬を飲んでるね」って、そういう会話をされてるんですよ。勝手に自己判断をして、最終的に、自分は勤務を終わって帰ったにもかかわらずまた戻され、揚げ句に係長指示で、「悪いけど家族に連絡して」っていう風なことになってしまいました。「間違えて飲んだ」っていうのが本人やその職員から聞ければ、「わたしたちも起こり得るから気を付けようね」になるけど、そこを認めてくれないから助けようもないし、怒りようもないし、実際ちょっと怖いなって。

- ひとりでは判断しきれないところもあるので、他のスタッフと相談しながらっていうのになると思います。
- 呼吸に関しては、やはり今言っていたように、数値で見るものではなくて、目で見て、観察の具合で何かいつもと違うなっていうところでの発見があるじゃないですか。明らかにいつもと違って身体呼吸をしているとかっていうのは分かりやすいんですけど、普段と違ってちょっと何か呼吸の仕方が荒いなとか、何か感覚的な部分での評価となってしまうと、やはりそこは自分だけがそう思うだけなのかなとか、気のせいかなとか、そういうふうなところでミスをするんじゃないかというところが、すごく不安として残っていますね。

2-16-7. 介護職の主務は日常生活介護

介護職の多くは「日常生活の管理」が介護職の本務であると認識している。その上で、日常生活の介護から一歩踏み込んだ医療的ケアのあり方を模索しているようである。

- PT、OT、看護、医師、介護とかいろいろいますけども、どうしても知識の部分で介護が劣っているなと正直感じます。医療的ケアにしても介護はできない部分もあります。本当に日常生活の介護だけが僕らの仕事ではないと思う。

グループホーム等の介護施設が利用者によって「治療の場」ではなく「生活の場」であるという意識が強く現れる。

➢　入院をされて、戻ってくる予定だった利用者がいたんですけど、実際酸素療法だとか、吸引が必要な方だったので、戻って来れなかったんです。医療的ケアができる者がいない、訪問看護ができなかったので、転院ということになりました。県外の病院に転院されました。ご本人は戻ってきたいということでした。ずっと生活されていた場所なので、ご家族もそういう思いだったのですが、それに応えられなかったのが心残りです。医療的ケアができれば、戻ってこれたのにって思います。介護が医療的ケアをできるようになれば、もっと受け入れられる方っていうのは増えると思いますし、できてないところに葛藤があった。

➢　施設には、たくさんの違う職種がいますが、メインは生活面を見ている介護職員だと思うんです。センターの人が気付かないこととかも、気付くのが早かったりもするのも、わたしたち介護職だと思っています。そういった部分ではもう少し介護職を、認めてくれるとモチベーションも上がるし、やりがいにもつながっていくと思います。

➢　生活の一部としてお手伝いさせていただきたいので、医療的ケアをやってます。でもそれが生活かって言われると、難しいところです。あんまりやりたいとは思ってはいません。

2-16-8. 介護職の精神的負担

介護職は日常性に基づいた職種であり、医療的ケアのような非日常性の職務は相いれないという意見も多い。その結果、「気持ちの問題かもしれない」と語りつつも、介護職の精神的負担について述べる介護職も多かった。

➢　難しいですけど、負担はあるかなと思います。責任がどんどん重くはなるのかなとは思います。医療的ケアをしているご家族もいらっしゃるので、できないことはないと思うのですが。ただ、やっぱり、他人と身内とで、ちょっと違ったりとかします。そういう部分で、気持ちの問題かもしれないのですが、大変さはあるのかなと思います。

➢　夜勤リーダーとかも、今、ここ常勤の数の方が少ない状態で、そういう状態の中で重い人たちというか医療行為の必要な人たちのフロアを担当するのが常勤なんですよ。状況は、常にそういう状況を見てやるんですけれども、なかなかその下の人たちがそういうことに接することも見ることも、やはり同時に入るわけではないので、ケアに。そういうところで、自分たちのすごく今負担がというところがあるのと、どうしても夜間帯、看護師でさえもちょっと気管痛めちゃってとかって出血したりするのに、そういうことを聞かされたりすると、やはり、ちょっと。

➢　今の状況でも、医療以外でも、介護職の仕事は結構いろいろな意味で負担が大きいんです。

介護職の多くは、医療的ケアを通じて感じる「怖さ」について語っている。

➢　もし何か触ってしまって傷つけたら、特に、見えなくなってしまうのが一番危ないところじゃないかなって思います。だから、ちょっと怖いかなっていうのがあります。

➢　怖い。やっぱりちょっとぜんそく気味の人でも、ヒュー音、やっぱり聞き慣れないというか、やっぱりあの音が不安ですね。その人にとっては、そこまで苦しくないのだろうけれど、自分は普通だから、それで不安にあるという不安ですね。

➢　口からだったら表面上だけは取れるんですよ。どうしても鼻からは入らない人もいるので。最初、間違えて鼻血出しても。胃ろうだったら、流動食流すのも、水分流すのも大丈夫だと思うんですけど、鼻腔に関してはちょっとやりにくい。怖いですね。人によっては、自分で引っこ抜いちゃう人もいますから。あと、困るのは薬を塗ったりとか。

実際に不安を感じた経験を挙げ、戸惑った気持ちや利用者に対して申し訳ないと思った気持ちを振り返っている。

➢　便性調整薬物など、薬ですね。下剤をやるだとか、そういうときに、下剤の内服だけでも脱腸を起こすんじゃないかとか、量の調整ということがすごくあって、その辺が例えば、ドクターの指示もその都度もらえるわけでもないので、ある程度現場レベルで調整してくださいって言われるんですね。そうすると、じゃあ排便が３日出ていない方に対して何の薬を飲ませたらいいんだろう？と考えなければいけない。量もありますし、出ないときにもう１回飲んでもらって、結果、反対に緩くなってしまって、いろんなリスクがあります。具体的な指示があればいんですけど、現場レベルに任されると、介護をどうしていくかっていう気持ちになります。

➢　怖いというのももちろんなんですけれども。この仕事も介護の仕事なのか！みたいな。なんでこんなことまでしないといけないんだっていう気持ちに結構なりました。しっかり研修で教えてもらっていても、その現場、そのときそのときで状況が違ったり、この人に関しては吸引、口から出て鼻からやってとかいろいろタイプがあって、そういう細かいこととか理解しているつもりでいても、急な状態になったときに「どうだったけ？　どうだったけ？」みたいな、そういうようなてんぱるといいますかね、そういうような症状になってしまうので。

➢　一番身近に起こり得る事故で一つあったのが、食べ物を詰まらせてしまって、だんだん顔が赤くなってしまって、それを気づくのが遅くなってしまって、かなりぐったりしている状況で発見して、タッピングしても何しても戻りが悪くて、計っても全然上がってこなくってという感じの状況で、そこまでやってから救急隊を呼んで、看護師さんを呼んでというふうな作業をしたんですが、救急隊の人になんでこんなになるまで放っておいたんだみたいな感じで怒られたことがあって、その人は、このときは、取りあえず戻って、退院しては来られたんですが、申し訳なかったなという気持ちになって、気を付けないとなということが一つありましたね。あとは、必ず付き添いが必要な歩行されている方で、ちょっと目を離したすきに転倒してしまって、後ろから転倒してしまって後頭部を強く打ってしまって、そのときにかなりの出血の量で、そのときに隣にいたのが自分ひとりだけだったので、他の利用者さんも徘徊に出て、どうしたらいいか分からない状態だったのだけれども、そういう事故が起こってしまって、本当にわけが分からなくなってパニック状態になってしまったということが一つあって、そのときもまず救急車を呼んで、それから自分の中でできることっていうのを、いろいろ、こう、思い出しながらやったという感じだったのですけれど、その人はもう入院して、その後戻ってこない、駄目だったので、はい、そういう事故何回かやっていますね。

医療的ケアという自体に、不安を感じるという発言が多く見られる。

➢　介護職といっても、本当に年数が、まだ新卒からベテランまでいろいろだと思います。医療的ケアをすることによって、ちゃんと研修を受けて、適切な対応ができないと、結果的に訴訟問題とか、大変なことになってしまう。
➢　介護職の中でも、技術にはすごく差があります。その辺はきちっと、ある程度線引きして、任せられる人、何年以上の経験があるとか、そういう線引きは必要だと思います。

胃ろうや吸引など高度な医療的ケアに対する不安や恐怖を訴えている。

➢　胃ろうとか重い医療的ケアはできないと思う。バイタルサイン、例えば顔色が悪いと過熱があるとか血圧が高いとか、そういう状態のときに最低限できることを増やしていくのが医療的ケアかなとは思っています。
➢　緊急時、夜勤のときに吸引するなら、他の階から看護師を呼ばないといけないんです。その時間がほんとにもったいない、もう緊迫している状況なので、介護職もやらなくてはいけないんだろうなという気持ちはあります。僕も専門学校卒業して、医療的ケアに関しては何も勉強してないわけですし、現場に出て看護師がやってる姿をずっと見てるので、恐怖はすごいあります。
➢　しっかりと行えるのだったらやれると、僕たちの業務の幅というかそういうのも広がりますし、やっぱり高齢者の生活というか、高齢者の全体を介護していくうえでは、できるといいなということではあるのですけど、ただ介護職の質としてやっぱり普段の介護業務の中でもちょっとこれはどうなのだろうみたいなやっぱりちょっと質的に大丈夫かなというふうに不安な職員もいるので、そういう人たちも医療行為をするということになると、本当に利用者の命にかかわることなので、そういった意味ではちょっと不安は感じますね。温度とかも、なんかほら、お年寄りの温度とかって低いじゃないですか。そういうのもほんと実際にこの間まで知らなかったような感じだったんで、普通に「湯たんぽ入れて」って言えば介護の子は普通にお湯入れてやっちゃいますけど。全体的に見て、知識があってやってんのか、ただやってんのか、っちゅう感じで、やけどとか、足からの距離とかもあるでしょうし。そういう意味でちょっと不安かなぁと。

2-16-9. 医療的ケアに対する積極的な受け止め

以上、介護職の発言の多くは医療的ケアを「消極的な文脈」で語るものが多かった。しかし、必ずしも介護職は消極的に医療的ケアを受け止めているわけではない。

介護職の発展の可能性の一つとして医療的ケアを位置づけられるという、積極的な展開として考える介護職もいた。

- ➢ 介護職は、医療的ケアの実施がないものというふうに見たときに、残るものっていったら数少なくって、その数少ない中でもたどっていくと医療的ケアに発展したりとか、かなりつながっている部分が多くって、医療的ケアっていうのを突き放して考えたときに介護職っていうのは、仕事になるのかな？って思ったりもする。
- ➢ 本当に介護職が専門性を持って、もちろん医療的ケアもしていくということで、介護職の給料も上がれば、もっと介護職が魅力的な仕事になるだろうし。そういう意味ではほんとにやってもらいたいなっていうものです。

2-16-10. 利用者のために受け止める

一般的に介護職は、利用者や利用者家族から満足感を感じられたり、感謝されたりすることが、自己評価の基準となっている。このような介護職のメンタリティを踏まえると、医療的ケアに対する怖さは払しょくできないものの、利用者を助けたいというモチベーションから医療的ケアを受け止めようという声も多い。

➢　私は介護15年の中で、便通管理というのが、介護職には大変大事じゃないかなと思うのがあります。療養型で働いているときも、腸閉塞だとかで亡くなってしまう。便は出ていたのにもかかわらず、詰まっていたと。その少量とはどのくらいなのか、中等量とはどのくらいなのかということで、介護職の人は、まあ、少量出たと、毎日出てると。看護師の方は、出てるからと思って安心していたら、実は詰まっていて腸閉塞だったっていうのがありました。便通管理というのは非常に大事で、見た感じ、触った感じと、後はだいたい便のサイクルと言うんですか、3日に一回なのか1日おきぐらいに出るだけなのかというのを把握して、便秘をしないように非常に気を付けております。看護師さんとかに、医師と相談して、便秘ぎみなのでお薬を調節してほしいとか、そういうことをお願いして、相談しながら細かく示唆しています。

➢　取りあえず本人が楽になったっていう顔をしてくれたので、一応そのときも。怖い反面、ま、でもよかったなって。パンパンに腫れてたのが少し楽になったので、ご本人も少しほっとされたと言うか、楽になったというのがあったので、うれしさもありましたね。

➢　状態にもよりますよね。だから必要に迫られた時にしかやっていないので、それで相手が楽な状況になれば、それは、あればと思ってやっているので。そういう気持ちですよね。

2-16-11. 介護と医療的ケアの区別のむずかしさ

介護と医療行為との境の曖昧さを述べている。利用者本人の意思の尊重を大切にした介護や日常の業務の中で、医療的ケアがあいまいに運用されていることを回答している。

- 「医療行為じゃないんですか？」って看護師に言ったら、「あんたたちは言われたことやってればいいのよ」といわれた。
- やらなくちゃいけない状況で、暴れる人もいるんですよ。血を出した時もあるんですよ。でも、普通のつめだったら医療行為じゃないかもしれません。ものすごい分厚いつめを切ったりっていう時にも切られたりもしますから。けがをしたこともあるかもしれないけれども、看護師だったら法で守られますけど、私たちだったら傷害になってます。それが怖い。

個々の介護施設の置かれた状況によって、そこに勤務する介護職の医療的ケアの内容も異なることになると指摘されている。

- 医療的ケアが必要な施設と、やらなくてもいい施設に分けられると思うので、介護職にもそれぞれ求められることというのが違うと思うので、その施設その施設で、こういう場面、こういう場面と研修をしていく必要があると思います。介護職全体として研修を全国で統一してやったとしても、介護施設によってかなり差が出てしまっていると思う。

しかし、現場の問題として、「介護の領域と医療の領域の交差」は必要であるという意見もあった。ただし、医療職と介護職がそれぞれ自分たちの専門性を大切にした上での交差であるという視点であった。この意味でも介護職の専門性の高度化がキーである。

➢ 医療と介護って完全に引き離して仕事をすると、かなり、お互いやりづらくなったりしてしまうので、少しぐらい交差していかないと仕事ができないのかなと思いますね。逆に、あんまりお互いの分野に踏み入ってしまうと、お互いのモチベーションが下がってしまって、介護の方でもこの医療行為ができるんだったら看護師は要らないかなって思われちゃったり、逆に看護師の方で介護の方で踏み入れ過ぎてしまうと、介護職というのは、結局、看護助手なのかなというふうに感じてモチベーション下がってしまったりとか、その辺はうまく踏み入り過ぎないように、お互いやっていかないといけないのかなというふうな気持ちはあります。

2-16-12. 同僚間のコミュニケーションの重要性

指導し合える、意見を言い合える環境整備を指摘している。これは現場における学ぶ集団における学習を想起するものであり、医療的ケア提供における大切な視座であるといえよう。

➢ 一応指導し合える、意見を言える環境があれば一番いい。
➢ みんなにも、下を開けて下のまぶたを押さえてって。上を押さえると怖いのでね。点眼なんかはやってます。付いた介護職も徐々に慣れて、みんなできるようになってます。

2-16-13. 看護職・医師との相談の重要性

医療的ケアに関する事項を勉強した上で、看護師と相談して処置をすると答えている。医療的ケアに関する研修体制が整備されたとしても、このような看護師との相談や協働のあり方は別の問題として確立させていかなければならないだろう。

- 勉強した範囲内の頻脈と徐脈が、脈の異常とか脈拍の 90 以上とか、そういうのをいち早く気が付き、看護師に相談して処置を取るような方法をみんなと話し合ってます。
- 1時間おきに血糖値を測ったんですけど、もし低血糖になって意識が落ちそうなときには、ブドウ糖があったんですね。ブドウ糖をなめさせてくれっていうような指示があったんですけど、やっぱり案の定、下がったりとかしたときがあって、そのとき夜勤責任者の方がいて、何回も相談しに行ったってことはよく覚えてます。
- 実際に急変になる前に気付いていても、いざ急変にならないと事前に対策、気付いていても対策が取れない。様子観察だったりとか、そういう指示が多々ある。まだ1年しか勤務してないですけど、多々あったんですよね。
- 別の施設があって、その中で他の施設はやっていいけど、この施設はやるやらないとか、そういうのじゃなくってやっぱりある程度は線引きっていうのはしっかりしてもらえれば。誰でも人間なので何か事が起きた時にそういうので気持ちが落ちて、そういう方向にはつながってほしくないので、ここまでは看護師、ここは絶対ケアはやっちゃ駄目っていうのとか、ここらへんは看護師の指示があってやっても良いよっていう部分でそういう部分がちょっと増えていけば、それができるケアっていうのが大事なんですけど。

➢　その入居者のその介護度によってですけど、医療であったり口腔ケアも全く自分ではできない方であったり。特に看護師サイドで「これをやってください」という指示があった場合のみ、その看護師サイドでの講習会みたいなのがあって、それをクリアしないとそういうことはできないというやり方です。

➢　指示をいただければもう、こなせるんですけれども、まあ、判断する材料的なものはやっぱり持ち合わせてないので、常にまあ、看護師のほうに指示を仰ぐっていうふうにしてますかね。

➢　全部看護師の指示の下っていうか、やり方もまず全部教えてもらってやりますので、そんなに不安感とかも無いですね。ストマ関係は全部看護師ですね。パウチの交換も全部看護師にやってもらってます。経口与薬はケアがやってます。

施設によっては医療的ケアを全て看護師にやってもらうことも介護職自らがやることもあると語っている。介護職が行う場合も、看護師にその都度やり方を教わっているという。

➢　バイタルサインの測定というのは、この施設では基本的にはやっていないので、なんかちょっとおかしいなとか、お風呂の前とかはすべて看護さんの方に報告して行っていただくという感じですね。前いた特別養護老人ホームでは、すべて自分の方で、介護職の方でやっていました。その際も、介護の方でバイタルサインのやり方が分からないというときに、そのときに聞いて看護師さんに教わるという感じで、特に研修等は組まれてなかった感じです。6番のバルスオキシメーターというのも酸素ですよね。

教育システムはないものの、介護職が責任感から自主的に看護師に疑問点を聞いたり勉強会を開いたりしていることを語っている。

➢ 基本的に教育システムっていうのはないんでけれども、やはり介護職も責任感を持って夜勤もやってますし、そう意味では各フロアの看護師に聞いたりとか、フロアで勉強会を開いてやるというのはやってますけど、施設全体としてのシステムは全然ないです。

医療職からの指示はあるものの、それほど細かいことや具体的なことまでは指示されないという意見がある。医療職からの指示は頻繁に受け、医療的ケアの実施が要求される反面、指示の深さがないということで、無知による不安は助長されるという、不安の原因になっているのではないだろうか。その意味では、医療職からの指示についてもある程度の詳細な説明が要求されるだろう。同時に介護職にも医療職からの指示を解釈する一定の知識やスキルが必要であるだろう。

➢ 浮腫の人なんかで、なんていうんですか、「弾性ストッキング」っていうんですかね。あれの何分、朝起きた時からとか、10時からとかっていうぐらいの指示はあるけど。何分してとか、何度でって。そんな細かいとこまではこないよね。

指示がある場合もない場合もあり、その場の状況に応じて自らが判断して対応していると答えている。これは、介護士に「自主的に判断するだけの知識」が必要であるといえよう。

➢ アイシングですとか。あとは腹痛の方の温罨法とかは基本タオルで、指示でやる場合もありますし、その場の状況に応じてやる場合もあります。タッピングはありますね。

看護師の指導や指示があってもある程度介護職に権限が移譲されるようなシステムの確立を望んでいる。介護職は医療的ケアをする際に医療職からの指示を仰ぐことを心がけていると答えている。

➢ 例えば看護師の指示、指導があっても、ある程度主体的にケアスタッフができることがある程度広がれば良いかなとか、それとかここは完全にこの部分の範囲は相談無くてもケアスタッフが、介護の人間ができるようになれば良いかなとか、そういう役割分担とか何でも良いんですけど。
➢ 判断はあんまりしないで、報告して指示を仰ぐというように心がけています。

このように、医療職からの指示を大切にしている反面、「指示していない」と言われることに不安を感じているという。これは介護職としての医療的ケアに対する知識に裏付けされた専門性が確立していないためと考えられる。

➢ 私たちはそんなことを指示してないわよって、言うかもなと思うと、怖くて仕事に行けないですね。

介護の現場で医療的ケアを行う際、看護師もしくは上司への報告が密に行われているということを語っている。介護職の医療的ケアの対応範囲を拡張していく上では看護師との現場での関係性や協働体制を考慮に入れる必要があるだろう。

➢　やっぱり新人なので、ちょっとまずは上の者にポンと報告をしてというところなので。やっぱり、けがの状態とかそういうときによって違うじゃないですか。自分が完全に「こういうときはどうしたらいいっていうのを分かっているか」と言われたら、そういうわけではないので、そういった意味でちょっと不安かなというのは。

➢　夜勤時とか、看護師は全体で１人なんで、いちいち見に来てはくれないですから。やっぱり自分たち判断でやばいなぁと思ったら、来てくださいと報告するし。

➢　看護師がいれば、看護師に報告しますし、夜勤中では上の者に伝えてということです。

➢　バイタルはケアの仕事としてやっていますが、バイタル項目の脈と体温と血圧はケアやっています。呼吸と意識はやってないですね。計っている時に変動、変わったことがあれば報告はしていますけど、基本は脈と血圧と体温はケアですね。水分摂取はケアがやっていますね。排せつもやっています。

危険性リスクが高い利用者へのケアは看護師が担当しているといっている。介護職が対応できる医療的ケアを拡張していく際には、リスクへの対応という形で、総合的な視点から体制整備を求められるだろう。

➢　口腔ケアに関しても、基本は介護がやるんですけども、嘔吐反射が激しい方とか、感染症をお持ちの方ですとか、口腔からの摂取をしてなくても誤嚥の危険性リスクの高い方は看護の方でやっていただいています。フットケア処置に関しては基本ここは全部なんとかやっていますのでフットケア、むくみがある方のとかそういった形はケアがやりますけど、処置っていう部類になると全部報告して看護師対応という形ですね。応急処置もそうですね、看護師が。呼べばすぐ来てくれるので。

➢　血圧と熱と脈拍数などバイタルチェックはしていますが、その都度、検討しています。バイタルチェック表というのを付け、異常値があれば、報告するレベルだというのを把握しております。勉強しております。

➢　観察とかは基本ケアがやっていまして、剥離があったりして、看護師に報告して薬が出るとか手当ての方法とかが出ますので、その軟膏とかはこっちでやることもありますし、ひどくなるようですと看護師がします。

➢　それを今度は私たち責務もあって、私たちを調査してって言われたって言って、長は、私たち介護職員が報告をしてなかったと言って、だからこうなったみたいに。「動いてくれなかったから、どうしたんでしょうじゃないですか」って言ったんですけれども、全然聞く耳がない。看護師が何か一番。

➢　換える。換えるとき、ふいて。何か出血していたら看護師に報告したりというのは、観察になるのですね。

➢　摘便は、深くは入れていないですが、肛門にあるものを少し触って確認し、看護師に報告して実施をお願いします。

さらに、看護師や医師の目が十分に届かない状況に不安を感じている。

➢　医者からの指示で言われてる分量を流動食にしても、水分にしても、きちんと私たちは流してるんです。もしうるさい家族だったらおかしいんじゃないかって。疲れちゃったら、いろんな人が同じフロアにいて仕事してますけれども、誰かが逮捕されちゃうかもしれないことだと思うんですね。ちゃんと医療の人たちが見ていてくれれば、重症の人の症状がわかると思うんですよ。

➢ 自分の目が正しいかどうかっていうのが不安なので、ちょっとおかしいのかなと思ったらすぐに看護師なりドクターなりに連絡しています。

➢ 看護師がいる時間帯は、全部看護師がやりますけれども、夜間帯になるとやっぱり、指示をもらって、急ぎのことですから、とにかくやるっていうときに「これちゃんと吸えてるのかな」って不安はあります。

➢ 安心はできないと思います。相手は、いつも同じじゃないですから、状態もいつも変わってくるので、安心したらおしまいかなとも思う。ただ、不安のレベルはちょっとでも下がればいいかなあと思います。

➢ 私は胃ろうの部分で、前の施設で自己抜去された人がいたのを直接みていたので、ここの刺す部分が閉じちゃうっていうふうなことを聞いて、聞いてというか経験をして、やはりそういう自己抜去しないかどうかっていうところも不安ですし、ストマの方に関しては皮膚の状態の観察っていう部分で、ぺったりとテープが貼られている、その下の部分はなかなか見えないので、そこの部分がどうなっているかというところまで観察しきれているのかなというところで、ちょっと不安な部分として挙げています。

➢ 栄養モニタリングというのは、その栄養摂取量とかは分かるんですけど、この人が、じゃ、何の栄養が足りないとか、その細かいところになると、ちょっと不安で、人によっては、その薬によって、これはとってはいけないという栄養素とかもあるじゃない。そこまで覚えていられないので、そういうところに不安があるというところですね。

➢　ちょっと浸出液が出ている人とか、そういう人で皮がぺろんとなったりというのが怖いんですよね。すぐ看護師は呼ぶんですけど、応急処置とか、看護師が来るまで、やっぱりすぐに来られないから、それまで放っておくわけにいかないので、そのときにどうしようかなとちょっと不安になったりすることはあります。

➢　やっぱりどんどん硬くなってきて、でもこれは動かさないから硬くなっているのかなと思ったりするし、可動域まで本当に行くと、やっぱり痛いじゃないですか。その一歩手前でやめるんだろうなとは思う。私は、前にスポーツクラブに勤めていたので、そっちのほうもちょっとかじってはいるので、その可動域関係も加減を見ながら、その人の腕をゆっくり上げて、ちょっと硬くなったところ一歩手前でやめるとか、そういうことはしていますけど、でもやっぱり動かさないから硬いのか、もしくはもう本当に病気で硬いのかとか、その辺が分からないから、ちょっと不安です。

➢　薬の服薬に関してもマニュアルとか、見直しっていうか、こうしたら大丈夫っていうのをかなり話し合いをワーカーの中でしていまして、だから事故のないようにっていうのは、相当毎月話題に上がるくらい徹底していきたいことなので、自分なりにはそんなに不安は感じてはいないですね。

➢　医療的ケアに限らず、家族の方も半分はお礼を言って下さるんですけど、半分は希望がものすごく大きかったりとかして、一生懸命やらせていただいていることでも、裏目に出ることもあったりします。だから、もし医療的ケアが行われるのであれば、利用者のご家族の方が、どれだけ理解力があり、任せて下さるのかということが関係します。あと、「専門でないのに、やったがためにこうなったよ」っていうふうに言う方も、これから増えて来るかなっていう危惧があります。個人的、会社的にもクレームにつながるようなことが少なければいいなって、そういう不安はあります。

➢ 白癬の方は切れないので、看護師にお願いしているんです。こちらでも名前を挙げて、白癬の人は「じゃ、看護師、お願いします」と、処置は挙げているのですけれども、それでもやっぱり、すごく気になるときがあるし、そうじゃない方でも、やっぱりつめを切っているということに対して理解を得られない。認知の方とかは、やっぱり動いてしまった瞬間に切ったりとか、そういうのが怖いなといつも不安はあります。

➢ やっぱり気持ち悪いし、私もやったことがありますが、すごくつらいじゃないですか？　一人じゃできない。やっぱりつかまえてというか、押さえてくれる人がいないとできないし、一人ではできないなという不安はすごくあります。

➢ 体調不良で夜間帯看護師がいないときに、私たちの判断に委ねられるというところで、常に不安はあります。

➢ 一応、リハビリの方で指導を、院外で指導を受けてはいたんですけれども、やはり苦痛表情が出る人は良いんですけれども、出ない方に関して、感覚的な、これ以上は無理だなっていうところで抑えてね、みたいな、簡単に言うと、そういう感じでの研修だったので、どの程度が制限なのかというところを見極めるのが、やはりこれ以上いったらポキッといっちゃうかなとか、筋が伸びるとか、そういうところがあるのかというところで、やはり不安な部分として挙げてます。

➢ 不安というか、やっぱり事故につながってしまうので、その与薬ミスというのが、やっぱりどうしても多いんですよ、うちの、まあどこでもそうだと思うんですけど。そこで、最後に確認するというのもあるんですけど、昨日まで、粒が飲めた人が、急に飲めなくなったり、そのときの気分で出したりもあるじゃないですか。そういう与薬ミスに対する不安ですね、私は。

➢ 看護師が勤務していることが、介護士の心理的な負担を軽減することになっていると指摘している。介護士の知識やスキルを強化することで、介護士の看護師依存を軽減することができるかもしれない。

➢ 全部がケアスタッフのときだと、怖いとかじゃないけど、どこかに看護師がいないんだという気持ちがやっぱりあるんですよね。何もないんですけど、いるのと、いないのと全然やっぱりこっちの心持ちが違う。応急処置ですよね。結構、うち、２階のフロア、意識消失の人が、一時２～３回起こしたんですよ。てんかん系なんですね。やっぱり、この間、私がたまたまトイレに座らせた瞬間に呼吸がなくなって、目が浮いちゃったんで、もうすぐ看護師を呼んだんです。昼間だったからよかったんですけど、あれ、いなかったら、やっぱり怖いですよね。だから、そういうのがすごく不安、不安というか。そうやって考えると、特養とかは毎日いていいなって思っちゃいますよね。

➢ 看護師のいる時間帯が限られていまして、本当の処置っていうのは私たちできませんので、いかにできる機関につなぐかとか、救急隊が来たとき対応ですとか、家族に連絡、だいたい亡くなってるので、その手順がやっぱりいろんなケース・バイ・ケースで、人工呼吸器を望む家族もいれば、望まなかったりとか。本当に100人いたら100通りなので、いちいち医療的な専用ファイルがありまして、ぱっと開けばこの人が何を、ご家族が望んでるかを全部書いたものがあります。

➢ 終末期に関わっていく中で、やはり医療と介護って両輪でなきゃいけないと思うんですね。その中で、もう少し老健みたいなスタイルまではいかなくても、もう少し介護力、看護力の連携を密に取れるような形を整備していく必要があるんじゃないかなと思います。夜勤は介護しかいない、その中でみとりの人を受け入れている。やはり不安が尽きないと思います。

2-16-14. 含意

量的調査と質的調査の分析結果から、次のようなことが示唆される。

保有する資格や経験年数、研修の有無によって、介護職の医療的ケアに対する不安の程度が左右されることが量的調査から明らかになった。「実施」の経験や「研修」は、医療的ケアに対する「不安」を払しょくするというよりは、軽減することにつながる。現に、「実施」率が高い医療的ケアは多くの場合、「研修」が行われている。つまり、実施率が高い医療的ケアは研修でカバーされている。

しかし、5年以上の経験年数以降、再度不安の程度が上昇することに着目したい。経験を重ねれば重ねるほど、医療的ケアの難しさや多様な状況を知ることになり、無知による不安とは異なる「知ることによる不安」が生じると考えられる。

そのため、継続的な教育研修制度の整備が求められる。では、どのような研修が必要か。質的調査の結果から、「研修では知識のみではなく、実技を大切にしてほしい」「知識を得ても心理的には怖いし、リスクや責任問題がある」「医療的ケアを実施するには報酬や待遇の改善が必要である」「リスクマネジメントやクレーム対応体制の整備を望む」といった現場のニーズが明らかになった。研修制度の確立のみでは十分な医療的ケアの提供にはつながらず、リスクマネジメント体制の整備、報酬待遇の改善、現場の協働体制の整備が望まれる。

ただし、介護職の医療的ケアに関する不安は知識や能力、スキルの問題のみではない。それ以外の不安も報告されている。看護師や医師との意思疎通、コミュニケーションの難しさ、利用者、利用者家族などからの医療的ケアを含めた過大な期待、医療的ケアにまつわる過誤、それによる、クレーム、責任追及への恐怖といった不安も調査で浮かび上がった。

それらの不安を解消するためのシステムを考えるとき、介護職の医療的ケアにおける「受動的役割」が不安の根底にあることを意識しなければならない。介護職は、医療的ケアにおいては次のような点で受動的な役割におかれていると考えられる。まず医療的ケアは看護師、医師の管理の下で実施されており、利用者、利用者家族からの「要請」に基づいて医療的ケアを行っている。医療的ケアへの不安、抵抗感や恐怖があるにも関わらず、現場では対応せざるを得ない。

介護職の葛藤にはいくつかの類型がある。

その一つは「性格葛藤」である。経営側や利用者側から要求される役割と、介護職本人のメンタリティの間で起きる葛藤が不安の要因となっているのである。介護職へ就く際には、医療的ケアなど知識、能力、スキルよりは奉仕といった側面が強調されているため、介護職個人の性格と、外部から要求される能力やサービスとの間で葛藤が生じやすい。介護職のメンタリティとして、自らの評価を積極的に行わない傾向がある。「利用者の精神的な癒し、安らぎを提供すること」と、「利用者の生理的な安全安心を提供すること」が、現状では一人の介護職の中で両立しにくいのである。性格葛藤の解消の可能性としては、キャリアディベロップメントの制度（特に資格制度）を整備し、介護職内での役割分担が資格によってなされるように配慮することが必要であろう。

二つ目は「システム葛藤」である。医療サービス制度や介護サービス制度と、現場のニーズの違いに起因する葛藤も生じている。現場で要求され、提供する医療的ケアが制度上問題ないのか、もし過失が追及されたら、どこまで責任が問われるのか。それらが明確になっていないことが介護職の不安につながっているのである。

システム葛藤には報酬の問題もある。高い専門性を必要とする医療的ケアを提供するにあたって、従来の介護職が行うケアを基に設計された給与体系では報酬が見合わない。現場の介護職のストレスや、離職率の高さにつながっていることが危惧される。その解消のためには、キャリアディベロップメントの制度を整備し、医療サービスとの境界関係性役割を担う介護職とその他の介護職を分化させる必要があるだろう。補償制度やリスクマネジメントの確立が望まれる。

更に、他職種同僚、すなわち看護師や医師など医療系の他職種専門職との間の葛藤もシステム葛藤に含まれる。介護職と他業種専門職との間には知識や技術、考え方、行動様式の違いによる意思疎通の困難性、意識のずれがある。

また、介護職と一人の介護職が担当する利用者、利用者家族などは、数多く、要求される能力やサービスは多岐にわたる。時には過大な期待が介護職にかけられるが、介護職の能力･スキルの訓練が不十分なため、処理可能な要求量は限られる。今後もこのような利用者・家族からの要求は減少することはない。

以上をまとめると、介護・医療サービスの連携のためには、介護職の医療的ケアを保証するマネジメントが必要である。教育・訓練においては合理的なカリキュラム、キャリアディベロップメントにおいては上昇と分化のメカニズム、報奨を伴う制度設計が急務である。また、施設では介護にわる職員へのエンパワメントを教育訓練と一体化して推進し、同時にリスクに対する補償制度やクレーム対応制度を整える必要がある。

［注］

(1) 本調査は厚生労働省平成22年度「老人保健事業推進費等補助金（老人保健増進等事業分）」の支援を得て日本社会事業大学社会福祉学部福祉援助学科佐々木由恵研究室が実施した「高齢者ケア施設における質の高い看護・介護を促進する現任者教育のあり方に関する調査研究事業」の一環として行われたものである。

調査は、量的調査（アンケート調査）と質的調査（聞き取り調査）の方法で行われた。量的調査は、高齢者ケア施設4種（特別養護老人ホーム、老人保健施設、グループホーム、有料老人ホーム）から44施設を対象に、施設概要を把握するためのアンケート調査を行った（「施設概要調査」）。次に、この44施設で看護・介護サービスを提供する職員327人に対して医療的ケアの実態や不安の有無･程度を問うアンケート調査を行った（「職員調査」）。質的調査は、量的調査対象44施設の中から20施設を抽出し、職員を対象に「医療的ケア提供時に直面するより具体的な不安等」を聞き取った。

(2) 質的調査は、調査員が各施設を訪問し、サービス提供時に直面した不安の内容やその背景要因を、職員から聞き取る半構造化面接で収集した。基本的事項として、対象者には属性の確認（年齢、総経験年数、現在の勤務先の勤務年数、保有資格）と、働き方の確認（役職の有無、夜勤の有無）を行った。録音した音声データをテキストデータに変換し分析した。

第３章　介護職の医療的ケアに対する不安の背景

本章では、介護職の医療的ケアに対する不安の背景を考察するための概念として「介護職の医療的ケアに対する役割ストレスモデル」を提案する。

3-1. 介護職の医療的ケアに対する不安・葛藤

前章で概観した医療的ケアに対する介護職の不安に関する調査結果から、次のようなことがいえる。

⑴ 医療的ケアに関する研修の多くは施設内で行われている。

⑵ 介護職にとって、「応急性や突発性がある医療的ケア」「医療的専門性が高い医療的ケア」「判断が求められる医療的ケア」が不安を抱かせる傾向にある。

⑶ 医療的ケアの実施率と研修率には相関があり、「実施する機会が多い医療的ケアについては研修がよく行われている」もしくは「研修を受けることで、医療的ケアの実施が促進される」と考えられる。

⑷ 医療的ケアに対する不安の程度と医療的ケアの実施率には負の相関があり、医療的ケアを多く実施することによって不安の程度は軽減される。ただし、実施経験を積んでも不安を完全に払しょくすることはできない。

(5) 医療的ケアに対する不安の程度と研修率には負の相関があり、研修率が高い医療的ケアについて不安の程度は低くなっている。医療的ケアの研修が介護職の不安を完全に払しょくすることはできないが、研修を受けることで、当該の医療的ケアについての不安は軽減される。

(6) 経験年数が長くなることで、医療的ケアに対する不安の程度は低減するが、5 年以上の経験年数を過ぎて、不安は再度増加する。これは介護職としての現場経験が蓄積され、それに伴い、医療的ケアの経験や理解が進むことで、経験が浅いことによる「無知による不安」とは異なる、「知ることによる不安」が生じるからだと考えられる。

(7) 介護職が医療的ケアの実施に躊躇・不安を感じる背景には、医療的ケアに対する経験や教育といった問題のみならず、報酬体系、リスクマネジメント、リアルショック (非日常性)、過誤への恐怖感、看護師や医師との意思疎通やコミュニケーションの難しさなど、複合的な問題が存在する。

以上、医療的ケアにおいて介護職がおかれた現状を概観した。特に (7) は質的調査からの知見であるが、医療的ケアに対して介護職が抱える不安・葛藤の原因は様々な様態を示していることがいえる。スキル不足や経験不足、教育・研修上の欠如などばかりが問題ではなく、介護職の専門性や専門職としてのあり方、キャリアのあり方、メンタリティ、介護施設におけるマネジメントのあり方、介護保険制度や医療制度などの政策・制度なものまで多岐、広範にわたるとともに複合的に影響しあっている。

不安・葛藤の原因は

(1) 医療的ケアが医療サービスの領域、介護サービスの領域という相異なる二つの領域を越境した問題であり、

(2) 急激に高齢社会に突入した日本は、必然的に直面した問題への対

応を優先し、制度設計をした結果、医療と介護を架橋した一貫性を打ち出すことができなかったということを意味しているだろう。これらマクロ環境の影響のみならず、

(3) 介護職の専門性や専門職としての特性、アイデンティティ、介護職個人のメンタリティなど

も絡み、これら環境的要素と介護職自体の要素が複合的に作用して現出したのだと思われる。

3-2. 役割ストレスモデルの提案

以上、医療的ケアにおける介護士の不安・葛藤の原因の様態についての議論を踏まえ、葛藤や不安の根底にある構造を「介護職の医療的ケアにおける役割ストレスモデル」(以降、役割ストレスモデルと略す) として提案する。

役割ストレスモデルは、医療的ケアを実施する役割の介護職が抱く不安や葛藤の背景にある「役割ストレス」を明らかにすることを目的としたものである。

本モデルでは、役割ストレスが生まれる根底には、「役割葛藤性」があると考える。この役割葛藤性は、介護職が医療サービスと連携することが求められる中、介護職の専門性、役割、アイデンティティ、メンタリティと、明らかに葛藤がある、もしくはあいまいさがある状態をいう。役割葛藤性は、医療的ケアを通じて、新たに医療サービス領域との境界に立つことになった介護職が、自らの専門性と対立するような他の専門性と共存、または協働しなければならない状態で生じる対立の中で顕著となる。また、医療的ケアの実施という状況下で何が求められているのか、異なる領域 (専門性) との境界を越境しながら、オプション (取捨

選択する余地）を与えられている状態でも生じると考えられる。

役割葛藤性を解き明かすとき、介護職の専門性やアイデンティティ、メンタリティなど、介護職の領域が持つ独自の価値観を整理する必要がある。なぜなら、介護職の領域の価値観を基準として、他者として直面する医療サービスの領域の価値観との中で生じる葛藤やあいまいさを役割葛藤性として定義するからである。

役割ストレスモデルでは、介護職の領域の価値観の中核的概念を「境界関係性役割」と「受動的役割」という二つで説明する。境界関係性役割とは、介護職の領域（専門性）の価値観は、元来「境界関係性」にあるという考え方である。さらに、受動的役割とは、介護職の領域（専門性）の価値観には、主体的な要素より受動的な要素が多くを占めているという考え方である。（境界関係性役割と受動的役割についての詳細は後述する）

以上、役割ストレスモデルの説明を表現したものが下図である。

【図 3-1】医療的ケアに関する役割ストレス

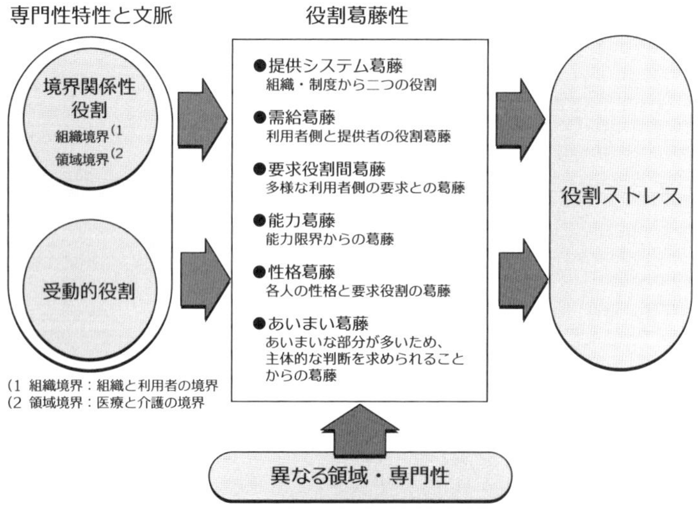

【図 3-2】医療的ケアをめぐる環境、アクターと役割ストレスモデルの関係

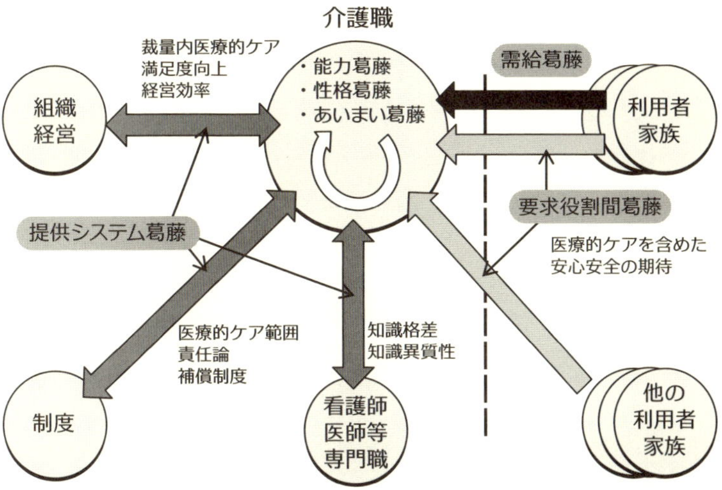

役割ストレスモデルは、医療的ケア調査の結果から、介護職が医療的ケアに対して抱いている不安が生まれる構造を想定したものである。この構造は、介護職を取りまく環境（アクターとの関係）の中で作用するものである。介護職が医療的ケアをめぐって関与する環境と役割ストレスモデルを対応させたものが上図である。

3-3. 介護職の境界関係性役割

役割ストレスモデルの重要な視点は、介護職が異なる領域（専門性）とコミュニケーションすることによって生じる葛藤･あいまいさである。介護職の専門性、価値観とは異なる、他の専門性、価値観との狭間に個々の介護職が位置づけられているという、「介護職の境界における役割」が本モデルの基本的視座である。

本モデルでは、医療的ケアという場面で、介護職が医療サービスの領

域（専門性）と介護サービス（専門性）の領域を架橋する役割、言い換えると介護職が両領域の接続点になる。しかし、このような異領域間を架橋する役割、接続点となる性質は、元来、介護職の専門性に内包されている。介護職の本来の専門性は境界的な性質なのである。厚生労働省（2008）が、「介護サービスの基本的な性格は究極的には人間同士のふれあいによってはじめて十分な満足感を得られるもの」と言及しているが、これは一般的な介護観であろう。「人間同士のふれあい」はコミュニケーションであり、介護職の中核的な専門性の基盤としてコミュニケーションが存在している。

コミュニケーションは他者とのメッセージのやり取りであり、他者のメッセージを解釈し、他者と自己の思考を想定しながら、互いに自らの意図に合致した結果を得るために、より効果的な言葉や表現を選択する過程である。他者と自己はまったく同一の価値観、文脈を共有することはできず、コミュニケーションには必然的に異なる価値観、文脈の間を架橋する性質が含まれる。その意味で、コミュニケーションは境界における役割を構成するもので、コミュニケーションを職務に内包する職業は介護職と同じような境界的な性質を持っているといえる。

介護職の専門性の基本にコミュニケーションがあり、そのことから介護職の専門性には領域間のみならず、組織内と組織外の間の境界の接続をしている（図3-3）。利用者や利用者家族は一人として同じ価値観、文脈を持つ者はいない。価値が多様な複雑な世界になっている。その意味で、介護と異なる様々な領域との架橋が介護職には期待されている。

さらに、組織としての介護施設の中で機能する介護職は、組織外の利用者、利用者家族との関わりの中から組織の価値観、文脈と組織外の価値観、文脈との間を架橋し、組織と組織外の環境をつなげる役割を果たしている。

特に、医療的ケアにおける介護職の役割は、介護職が基本的に持って

【図3-3】介護職の基本的職務における境界性（上）と
医療的ケアにおける介護職の境界性（下）

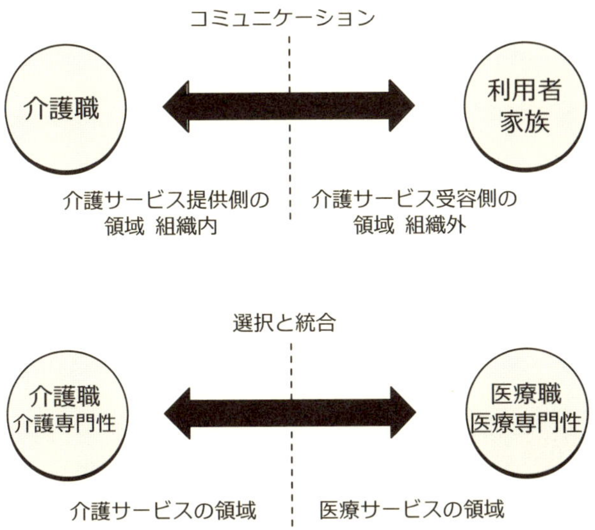

いる境界性とは別に、領域間の架橋を期待される。

医療的ケアという、従来介護職は自らの専門性、専門的知識と認識していなかった「異領域の知識」を取り込むことが今日、要請されている。政策に進められている医療と介護の連携の重要な部分を介護職に期待されているということである。

以上の議論を「境界関係性役割（Boundary Spanning Role）」から考察したい。境界関係性役割とは、Thompson,J.D.（1962）が「組織を外部環境と結びつける役割」として提出した概念である。ある組織と外部環境を結びつける「連結ピン」としての役割とも説明される。ここでは、Thompson（1962）の境界関係性役割の概念を拡張し、「異なる文化環境との間を結びつける役割」として考えたい。介護職は、組織と外部環境を結びつけるという役割のみならず、医療サービスと介護サービスの連携の強化の中では、もう一つの重要な境界関係性役割を担うからである。介護職は以下の二つの境界関係性役割を持つ。

(1)「組織」と「利用者･家族」間の境界関係性役割を果たしている（組織境界）

(2)「医療サービス・制度・人材」と「介護サービス・制度・人材」間の境界関係性役割を果たしている（領域境界）

(1) で指摘した組織境界は、Thompson の本来の定義から考察できる。一方、(2) で指摘した領域境界は、必ずしも組織と外部環境という区分ではない。いわば、専門性や価値観、文化の違いによる区分である。

3-4. 組織境界と領域境界

以下では、組織境界と領域境界について、整理する。

3-4-1. 組織境界

組織境界とは、介護サービス組織と利用者、利用者家族など組織外部との境界をいい、介護職は介護サービス組織内の人材でありながらも、利用者や利用者家族をはじめとした組織外部との結節点として組織境界上に位置づけられる。

組織とは、「一定の目的のために意識的に調整された、二人以上の人々の活動ないし諸力のシステム」である（Barnard, 1938)。濱嶋、竹内、石川（1992）は、組織を「特定の目標を達成するために、諸個人および専門分化した諸集団の活動を動員し統制するシステム」と定義している。このように、組織はシステムであり、そのシステムを維持していくためには、組織を形成するアクター間でのコミュニケーションが必要になる。諸個人、諸集団、諸力という個々の要素を統合、統制、調整するためのコミュニケーションがあってこそ、組織として存立が可能になる。

医療サービスと介護サービスの連携という政策的な要請がある中、医療サービスと介護サービスのサービス連鎖が最終的に結節し、利用者、利用者家族に統合したサービスとして提供される介護組織のマネジメントは、高度化する必要がある。さらに、介護サービス組織は、異なる専門職や専門性を統合しなければならないという組織特性がある。異なる専門職の統合体である介護サービス組織では、異なる専門職間のコミュニケーションを積極的に促進するためのあり方が重要性である。

松井（2011）によると、介護福祉専門職としての行動として優先するべき事項として、「チームケア・連携を重視した介護実践を行うこと」が最も高くなっている。次いで「利用者の主体性を尊重した介護実践をすること」が高くなっている。チームケアを尊重するという事項が重要であると認識されている一方、チームケアを具体的に構成するであろう、「他者同職種、他職種に必要な情報を適切に提供すること」「意図的なコミュニケーションを図り、必要な情報を入手すること」「他の専門分野の業務内容や役割を確認しながら介護実践すること」などの要素についての認識が相対的に低い状態であり、大義名分としてのチームケアが共有されている一方、その具体的な方策や行動様式についての理解が進んでいないことがうかがわれる。

労働政策研究・研修機構（2010）は、「介護老人福祉施設や通所介護では情報共有不足を経営問題として抱える傾向が強いが、これら事業所で働く介護職には、経営方針・管理のあり方に不満を覚え、疎外感を感じる傾向が強い」と報告している。これは介護職が専門職としての行動として重要であると認識しているチームケアを挙げているにもかかわらず、コミュニケーションや情報共有といった具体的な協働の方策への認

【図 3-4】「介護福祉専門職としての行動」の平均、SD、SE

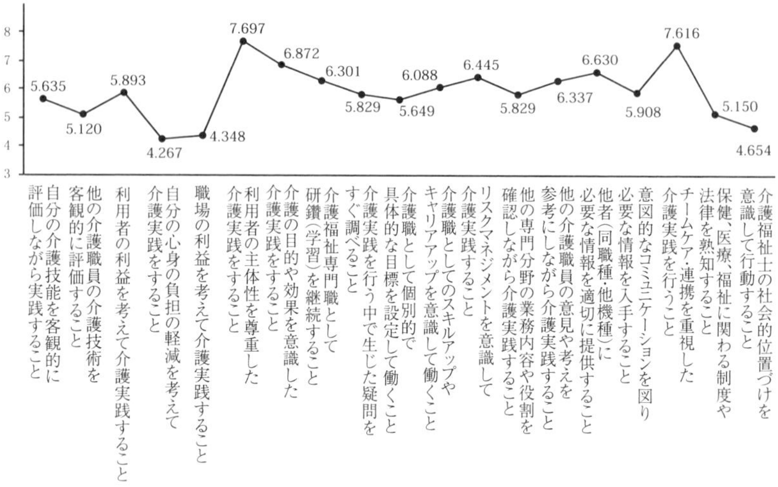

出所）松井（2011）

識が低いということは、実務的なレベルで連携のみならず、施設経営といったレベルへの意識が涵養されていないということが指摘できる。事実、「職場の利益を考えて介護実践すること」といった、経営や管理方針についての認識も低い状態であった。介護リーダー職であっても、経営や管理方針などの組織経営的な要素についての認識が高いとは言えず、介護サービス組織のマネジメント向上において、介護リーダー職の参画を促すためには、介護職の組織境界としての役割性における組織内人材としての意識を喚起する必要がある。

さらに、「自分の介護技能を客観的に評価しながら実践すること」といった客観的に自己評価することに関する認識も低い。また、介護職の社会的位置づけについても介護職の認識は、消極的である。このように、介護職の自己評価の低さや専門職としての自律性を尊重するといった面で介護職は自らや自らが所属する組織、職業集団に対する尊重・忠誠心が低いことがうかがわれる。組織境界に置かれた介護職は、自らの所属する組織への忠誠心を低め、組織外部との一体性を高めることで精神的なバランスを調整していることが想像される。

これは組織境界のみならず、次に議論する領域境界といった視点でも、介護職の特性として「自らの領域への忠誠心が低く、境界を越えた他の領域への過剰な同調」という形で現出する可能性が指摘できるだろう。

3-4-2. 領域境界

西川（2008）は、ケアワークを「他者の行動や感情、思考傾向からその生命活動（生活）上の不具合に気づき、その自己感を理解した上で、よりよく生きていこうとする力を支えていく労働」と定義し、その実践のために課題の発見と設定、解決（改善）方針の策定と実施、結果のモニターといった一連のプロセスを伴う、知識労働であり、この三つのプロセスを円滑に循環させるには、「相互信頼にもとづくコミュニケーション、共感、多様な視点」が必要であるとしている。

介護職の専門性は基本的に人と人の触れ合いやコミュニケーション、共感が重要であるという認識が社会的に共有されているだろう。

医療と介護の連携が進む中、介護職は医療的ケアを通じて自らの専門性の領域境界を越境することが要請されている。元来異なる領域の知識に依拠した職務である医療的ケアを、介護職は今、新たな職務として自らのものとしていく必要に迫られている。介護制度が急激な高齢社会への移行に対応するため、量的な充実をめざした段階から、医療と介護の連携を通じた、質的な充実をめざす新しい段階に展開し、自らを更なる発展のために変革を遂げることが求められているといえるだろう。医療的ケアを含めた介護サービスの質を高める上で、介護職の知識やスキルの向上といった問題とともに、医療と介護という領域（専門性）の境界を越えるため、介護職の価値観、認知能力、思考、アイデンティティ、メンタリティのあり方を再考することは重要であろう。

すでに組織境界の説明で言及したように、介護職は自らについてのみならず、所属する組織、職業集団についての評価が低いという特性がある。これは境界性を持った介護職が職務上、精神的なバランスを調整するために習得した、一つの介護職としての世界観・価値観の形であるといえよう。組織や領域の境界に置かれた介護職は、自らが本来所属する組織、領域についての評価を低く抑え、組織外部や領域外部への一体性を高めることで境界での職務遂行を円滑にするという対処をとってきたのではないかと推測される。

これは、医療と介護が連携を強めていく今後においても、医師や看護師をはじめとした医療サービス提供の各専門職とのコミュニケーションが増加していくことで、異なる専門性や思考スタイル、アイデンティティ、メンタリティとの境界を体験し、「自らの組織、領域への一体性の喪失」が生じる危険にあるといえよう。

介護職自らの専門性や思考スタイル、アイデンティティ、メンタリティと対立するような異領域の専門性に直面した場合、「自己の評価を低くする」ことや、「自らの組織、領域への一体性の喪失」によって、外部・異領域への一体性を増すことで解消するのでは、本質的に前向きな解消とはならない。異質の専門性との対立を解消し、立場や考え方の違いを超えて、患者・利用者のために質の高いサービスの提供するための協働をめざすといった、積極的な自己認識、価値観の確立を図らなければならない。それは介護職が境界的な専門性を持つがゆえに、越えなければならない問題である。

そこで、異なる領域（専門性）の人間、組織、制度、文化に接触するとき、自らの専門性、役割との違いや対立・葛藤をどのように理解するべきか、コミュニケーションや認知、価値観などの観点から考察する。

A）コンテクスト

ある人々がコミュニケーションする際に、彼らのコミュニケーションを取り巻く状況を「コンテクスト」という。コンテクストは話者が「どのような立場」で、「何を目的として発話したのか」や、「タイミング」や「語気」、「周囲の様子」などを含み、文脈と言い換えてもいいだろう。Hall（1976）は人が会話でコミュニケーションする際に、コンテクストがどの程度影響を与えるかで「高コンテクスト」と「低コンテクスト」という概念を提出した。高コンテクストであれば、会話のコミュニケーションにおけるコンテクストの影響が大きいことになる。その分、会話のメッセージ内容や表現の影響は小さくなる。反対に低コンテクストであれば、会話のコミュニケーションにおけるコンテクストの影響は小さく、会話のメッセージ内容・表現の影響が大きくなる。

また、Bernstein（1971）は、「制御コード」と「複雑コード」という概念でコミュニケーションを分類した。制御コードとは、言語の使用が少なく、表情やジェスチャーなど、非言語によるメッセージが多い伝達方法をいう。コミュニケーションでやり取りされるメッセージも、言語的な解釈よりは、社会的なコンテクストを通じて解釈される。もう一つ

【図3-5】高コンテクスト、低コンテクスト

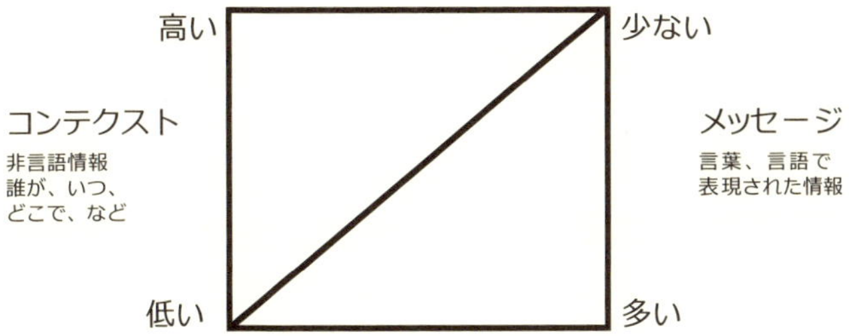

の複雑コードとは、コミュニケーションでやり取りされるメッセージをできる限り言語で正確に表現し、社会的なコンテクストによる解釈よりも言語的な解釈を大切にする伝達方法をいう。

介護職が介護サービスの利用者とコミュニケーションを取る場合、必ずしも利用者が伝えたいメッセージを言語的に正確に表現してくれるとは限らない。介護職の対人援助技術の基礎概念として「バイスティックの７原則」がある。バイスティックの原則の一つ「制御された情緒関与の原則」で言及されているように、介護職は利用者が明言しない、非言語的な表現を通じて、意図を慮ることが必要とされる。介護職に求められているコミュニケーションはHallのいう「高コンテクスト」な状況であり、Bernsteinのいう「制御コード」であるといえよう。利用者とのコミュニケーションのみならず、同僚などとのコミュニケーションにおいても、程度の差こそあれ、コンテクストに依存した非言語的なコミュニケーションを取りやすいと推測される。それは介護職の職務上、計測値等よりも利用者の心理状態や観察に基づく行動の変化を共有することが頻繁に行われているからである。利用者の気持ちやニーズを「察する」ことは、高齢者を中心とした利用者に介護サービスを提供する介護職にとって重要なスキルであることは言うまでもない。彼らがこの高コンテクスト、制御コードのコミュニケーションができることで、利用者は安心した日常生活を送ることができるといえる。

一方、医療サービスに関わる職種の場合、患者とのコミュニケーションで意図を慮ることはあっても、解釈には「意思の明示」「数値による客観性」が要求される。それは医療的な判断をする上で、あいまいにできない部分があるからだ。特に、医療関係者間のコミュニケーションにおいては、患者の状況を明確な計測値によって共有することが重要である。その意味で、医療関係者（間）のコミュニケーションはHallのいう「低コンテクスト」のコミュニケーションを重視し、Bernsteinのいう「複雑コード」を志向する傾向にあるといえよう。

B）社会的認知

社会的認知（social cognition）とは、物事を知覚するときに影響を与える認知構造または認知のプロセスをいう（Trenholm and Jensen、1996）。同じ現象を見たとしても、その認知構造が異なっている場合、その理由づけは全く異なったものとなることもある。Trenholm and Jensen（1996）によると、社会的認知は、(1) 外界からのメッセージをどのように受け取るか、(2) どのような行動をすることがその場で適切か、(3) どれだけ自分のコミュニケーションをコントロールできるかに影響を与えるとしている。

Brisilinは、ある行動をする原因の理由づけを「帰属」（attribution）という概念で説明した（Brisilin, 1993）。人は、ある行動をするときに、自分が持つ判断基準を基に考え、いかなる行動を採用するべきか決定する。この判断基準は、形式知として表現できるものばかりではなく、暗黙知的に内在化されたものが多分にある。よって、他者がある者がとった社会的行動を理解する上で、その手掛かりとなる重要な役割を果たすものが帰属である。たとえ、互いに異なる二つの文化を背景に持つ二者が全く同じ行動をとったとしても、その帰属は全く異なるものになる傾向があり（青木、1996）、ここで議論しているような、専門性という文化の違いによって行動のあり方も左右されることがうかがえる。

自分自身を含めた、近しい人々を内集団（in-group）といい、自分が所属しない人々を外集団（out-group）と呼ぶ。内集団の否定的な状況を認知したとしても、内集団がそのような状況に陥った原因を探そうと考える。一方、外集団の人の否定的な状況を認知した場合、個人的な原因であると考える傾向がある。

C）スキーマ

人は日々数多くの人、事物などに接しているが、それらすべて一つ一つを注意して認知しているわけではない。一つ一つを十分に精査して、取り扱いを考慮していたら、日常生活を送ることはできなくなるだろう。入ってくる情報を認識し、理解、解釈し、グループ化して、認知を効率的に進めているのである。この時に機能するグループ化がスキーマ（schema）である。スキーマとは、体験などを通じて構築される認知構造をいう（金沢、1992）。スキーマには予測する対象によって、下表のような種類がある。

介護職は職務上、利用者の日常生活を支援し、日々寄り添いながら、利用者とのよりよいコミュニケーションができるように配慮している。その中で、介護職は介護職という専門性に依拠した、介護職のスキーマを構築していることが想定される。いうまでもなく、個人個人の介護職は別の認知構造を持っており、介護職のスキーマがすべて同形であるというわけではないが、多くの介護職が持つ特有のスキーマがあることが

【表 3-1】スキーマの種類

スキーマの種類	対象の定義
事実・概念（fact-and-concept）	対象事物の一般的な情報や概念
手続き（procedure）	ある状況において、適切な一連の流れの出来事
状況（context）	状況を把握して、その状況に適切な行動の予測
方略（strategy）	状況の制約の下、問題解決の戦略を立てる
人（person）	人物
自己（self）	自分自身について
役割（role）	社会的役割に期待される行動
情動（emotion）	感情について

出所）Nishida（1999）を基に作成

想定できる。医療関係者についても同様に、医療現場における専門職ごとの専門性に依拠したスキーマが存在する。医療サービスと介護サービスの連携が進むからといって、医療者、介護職それぞれの専門性に依拠したスキーマを共通化することはできない。

異なるスキーマを持つ介護職と医療職が連携を図る際、同じ事象を認知しても全く異なる判断をするだろうし、同じ判断であっても判断の帰属は異なることが想定される。このスキーマの違いが業務上のコミュニケーションで行き違い、取違いなどの過誤を引き起こす原因となるだろう。

D）価値観

以上、「コミュニケーションにおけるコンテクスト」「社会的認知」「スキーマ」などの概念を概観してきた。専門職はそれぞれの専門性に基づいた社会的認知を持っており、専門職としての体験の中で独自の認知構造（スキーマ）を形づくる。そのような社会的認知、スキーマを基にしたコミュニケーションでは、コンテクストが関与するが、専門職によってコンテクストの関与の高低は異なる。

これらの概念と深くかかわるものが価値観である。価値観は「複雑ではあるが、明確に体系化（序列化）された原理」であり、「評価過程を形成する三つの要素（認知的要素、情緒的要素、志向的要素）の相互作用の結果」である（Kluckholn and Strodbeck, 1961）。評価過程を形成する三要素のうち、認知的要素は「ものの見方や考え方」であり、情緒的要素は、「ものの感じ方」を意味している。そして志向的要素は「ものの好み」である。

コミュニケーションのコンテクスト、社会的認知、スキーマなどの過程を通じた相互作用の結果、産出されたものが価値観であるといえる。

3-5. 介護職の医療的ケアにおける受動的役割

次に介護職は医療的ケアにおいては以下のような点で、受動的な役割におかれていると考えられる。

(1) 元来、医療は専門外であり、医療的ケアという限定された処置であっても、不安を払しょくするには領域の違いが介護職の能動的な活動を抑制する

(2) 医療的ケアは介護の専門性から必要と「主体的に判断」するものではなく、利用者、利用者家族からの「要請」に基づいて行っている

(3) 医療的ケアへの不安や抵抗感、恐怖があるにも関わらず、現場では緊急対応という形で「否応なく」実施せざるを得ない

(4) 多くの介護職のメンタリティとして、自らの評価を積極的に行わない、利他的傾向がある

(5) 介護職という専門性や成立過程に内在している受動性（バイスティックの7原則）

3-5-1. 領域の違いによる受動性

2006（平成18）年、利用者の尊厳の保持と介護給付費の伸びの適正化を意図した「介護保険法等の一部を改正する法律」が公布された。これにより、住み慣れた地域での生活の継続のため「地域包括ケア体制」の整備と、「医療と介護」の連携の強化と機能分担の明確化が図られることになる。同時に「良質な医療を提供する体制の確立を図るための医療法等の一部を改正する法律」で医療法が改正された。改正医療法第一条の二の2の条文において、

「医療は、国民自らの健康の保持増進のための努力を基礎として、医療を受ける者の意向を十分に尊重し、病院、診療所、介護老人保健施設、調剤を実施する薬局その他の医療を提供する施設（以下「医療提供施設」という）、医療を受ける者の居宅等において、医療提供施設の機能（以下「医療機能」という）に応じ効率的に、かつ、福祉サービスその他の関連するサービスとの有機的な連携を図りつつ提供されなければならない」

とされ、医療サービスと介護サービスの有機的な連携が謳われた。

医療サービス提供者と介護サービス提供者がより密接な連携を進める上では、関わる資格間の専門性は多様であり、専門性の違いによる葛藤や軋轢は、将来的に重大な問題をもたらすことが想定される。

第一には、医師法、歯科医師法、保健師助産師看護師法などに基づいた医療サービス提供者と、介護保険法に基づく介護サービス提供者の間で、異なる制度の壁があいまいな定義や解釈の余地を生じさせることになるのではないかという危惧である。

第二には、医療サービス提供者（各専門職）と介護サービス提供者（各専門職）間の価値観や文化に大きな相違点があるという危惧である。

このような危惧は医療的ケアという、介護職にとって異なる領域の職務へと拡張していく際に能動的な活動を採りにくくさせる可能性がある。

特に、介護職の職務の特性として日常性が指摘できる。介護職がサービスとして提供する価値の一つに、利用者が以前享受していた「日常性」を維持・回復させるための支援をすることに価値があるということである。そして、利用者が以前享受していた日常性は、多くの介護職が経験していることであり、想像することが比較的容易である。いいかえれば、介護職が共感しやすいものであるといえよう。このように、利用者に寄り添い、生活を支援するという、介護職自身が日常的に経験し、もしくは想定できる行為が、利用者にとっても支援してもらう必要がある行為なのである。

その意味では、介護職は日常性に依拠した職務に習熟することが期待されてきた。一方、治療的な要素、医療的専門性のある要素が関わる割合が増大すればするほど、介護職にとって親和性が低い、非日常性の割合が増え、心理的な違和感が高まると推測される。

3-5-2. 介護の専門性の他律性

西浦（2005）によると、介護職（ホームヘルパー）は自分の仕事の良し悪しを「利用者からの感謝の言葉」「利用者の笑顔」「利用者の要望に合致したサービスができた」といった、利用者の反応が判断基準となっていると報告している（西浦、2005）。これは介護職が利用者との対面的な相互作用がアイデンティティのコアになっていることを意味している。

このような介護職のアイデンティティの現状は専門職としての専門性確立において大きな危うさをはらんでいる。なぜなら、専門性の到達度を判断する基準が、利用者など専門外の者が、千差万別の価値基準に基づいているということであり、介護の専門性は他律的なものであるということに他ならない。専門職はそれぞれの専門性を同僚（ピア）間で、客観的な判断基準として定義する。その意味では、介護職の専門性は他律的であるといわざるを得ず、介護職の医療的ケアにおける受動的役割の根底となっているといえよう。

3-5-3. 不可避の対応

質的調査の結果から、介護職の多くは医療的ケアについて、「できればしたくない」という受け止め方をしており、医療的ケアを積極的に介護職の専門性として位置づけたいという意見を大きく上回っている。いわば、「したくないが、しなければならない状況では恐る恐る」という対応として考えられている。

介護施設においては、医療的ケアが必要となる場面が「看護師が不在になる夜勤時間帯」であり、本来、看護師がするべき仕事を、やむを得ず、緊急に対応しなければならないという「無理難題の受容」ストーリーが介護職の心理で作られていると推測される。いわば、医療的ケアは「不可避の対応」という受動性の意味づけである。たとえ、医療的ケアが制度的に新たに看護職に認められた本来業務になったとしても、それを不可避的に受け入れるという従属的な受け止めがされるであろう。

3-5-4. 自己評価の消極性と利他性

田尾、久保（1996）や天野（1982）は介護が利他的・奉仕的な精神が求められる職業であり、思いやりや配慮が欠かせないとしている。利他的・奉仕的な精神が求められる介護職にとって、自己の客観的な評価基準に基づいた自己評価（特に好ましい評価）はメンタリティとして受け入れにくいものであるといえよう。

松井（2011）は介護リーダーに選ばれた経緯について、「組織管理者·責任者個人の独断的な選考（命令）」によって介護リーダーに選ばれたと考えている人が最も多い。「リーダーを希望しての努力が上司に認められた」と回答した人は1.7%に過ぎず、当初からリーダー志向をもって介護職についている人は比較的少ない。このように、自己を評価してくれたとしても、それは管理者・責任者の独断であり、介護職自身はあくまで消極的に、その決定を「受け入れる」という立場をとっている。さらに、リーダー職への昇進の意思を予め持っているという回答は少ないということは、本当にリーダー職になるということに頓着しない、無欲で純朴な介護職であるか、または、リーダーになりたいという積極的な自己の意思、利己的な思考を表明することをためらっているのかはわからないが、少なくとも、本当に消極的・利他的であるか、もしくは消極的・利他的に振る舞うようなメンタリティが介護職にはあるといえよう。

人は社会適応的に生きるため、自分の能力や意見を正確に評価したいと考えるのが一般的である。Festinger（1954）は社会的比較理論において、他者との比較を通じて自己の様々な側面を明確に評価しようとする欲求を持っていると説明した（Festinger, 1954）。この考え方からいえば、介護職であっても、的確な自己評価をしたいという欲求は持っていると考えられるにもかかわらず、調査結果のような、介護職の自己評価における利他性・消極性が見受けられるのは、介護職に入職する個人のメンタリティの影響というよりは、意図的にそのような振る舞い、そして介護職としてのあり方が求められている結果であると推測される。

3-5-5. 専門性や成立過程の受動性

介護という行為は、長きにわたり、家庭の中で近親者が務めとして実施するべきものであるという社会的な認識があった。しかし、介護保険の導入によって、介護は社会化され、介護の専門性の確立が求められるにいたった。このような社会経済的な要請の中にあっても、介護職の専門職としての社会的認知は、他の専門職と比較していまだ低い状態にある（厚生労働省、2007）。このように、専門職としての社会的認知の普及過程、確立過程にある介護職は、自らの専門性を基にした能動的な意思決定が難しく、受動的になる傾向にあるといえよう。

バイスティック原則の中には介護職の専門性が受動的要素を多分に内包していることを示している。

第一に「個別化の原則」がある。これは利用者を「不特定多数の中の一人」ではなく、「特定の一人の人間」として対応されるべきであるという考えである。これは人間性の尊重という意味では重要であるが、反面、専門性の到達基準までもが「特定の一人の人間」である千差万別の利用者によって決定されるという「他律的な専門性としての介護」という位置づけにつながる。

第二に「自己決定の原則」である。これは最終的な決定者は、利用者であるという「主人公＝利用者」という概念である。いうまでもなく、基本的人権の尊重という意味では必須の概念であるが、それを消極的な文脈で解釈すれば、介護職の専門性は介護の主人公である利用者に依存したものであるということになり、専門性の他律性を助長するものである。

第三に「受容の原則」である。これは、「あるがままの利用者を受け入れる」という態度を要請するものである。同じく、「非審判的態度の原則」や「統制された情緒関与の原則」「意図的な感情表現の原則」がある。これらの原則も、介護職に利用者の人格を尊重し、利用者を注意深く観察し、利用者の言動の裏に潜む感情を理解し、適切に対応することを求めており、介護職の専門職としての主体性・能動性と対立する概念として存在している。

これらの原則は介護職の専門性、職業の社会的な意味づけからいって、必要な原則であることはいうまでもない。しかし、これらの原則が介護職の専門職としての主体性・能動性を抑制するような形で作用していることは、介護職の専門職化の上で好ましいものではないだろう。

専門職としての主体性・能動性を発展させながら、「介護サービスの利用者・家族の尊重」を両立させる介護職の専門性のあり方が求められる。

3-6. 役割葛藤性

次に役割葛藤性について整理する。

3-6-1. 提供システム葛藤

提供システム葛藤とは、介護サービス提供システムを構成している介護職が、他のアクターとコミュニケーションする上で生じる心理的な葛藤をいう。介護サービスの提供では、異なる様々な専門職が関わることになる。そのため、介護施設内で介護サービス提供システムとして統合されているが、提供システム内のコミュニケーションが異領域の越境的な側面を帯びている。

ここでは、

・組織・経営との間の葛藤

・制度との葛藤

・他職種同僚との葛藤

という三つの葛藤を議論する。

A. 組織・経営との間の葛藤

組織・経営との間の葛藤とは、介護職が、介護施設の経営陣や組織の管理上、要求される役割と介護職としての専門性の間で介護職の心理上、生じる葛藤である。

組織・経営との間の葛藤が生じる原因としては、松井（2011）が指摘しているように、介護職のメンタリティにある「管理や経営への無関心」があると思われる。松井は介護職リーダーとしての行動として重要な要素について質問している。その結果、最も重要だと考えられているのが「上司に対する『報』『連』『相』を重視すること」、次いで「部下に対する『報』『連』『相』を重視すること」である。報連相はビジネス・コミュニケーション上の基本であり、介護職リーダーとしては必須の要件であることは確かである。

反対に、「メンバーに職場の方針や目標を示すこと」が重要だと考えている人は比較的少ない。職場の方針や目標といった広い視野を持たせ、メンバーに伝えることを促すような経営的な側面について、認識は薄い。そして、「メンバーのストレス（心身の疲労）管理すること」、「メンバーの言動を肯定的に受け止めること」「メンバーの話を聞く時間を定期的に設けること」である。メンバーのストレス管理など、人事管理についても重要性を認識していない。

ビジネス・コミュニケーションの基本については認識しているものの、人事管理や経営といった側面について、理解が十分ではなく、このような介護職の組織認識が経営や管理者層とのコミュニケーション上、葛藤を生じさせやすいのではないか。

さらに、「チーム内の問題を予測し、事前に予防的対応を講じること」よりも「チーム内に生じた問題をメンバー員と一緒に考えて解決すること」の方がより重視される傾向にあり、問題の予測や予防的対応についての認識が低い。生じた問題に対処するという後追い的な認識が強いことがいえる。管理や経営は、将来起きるだろう予測や将来どのようにするべきかという戦略性を欠いてはならない。その意味でも、介護職は管理や経営といった文脈での思考に不慣れである。

【図 3-6】「介護現場の介護（ミドル）リーダーとしての行動」の平均、SD、SE

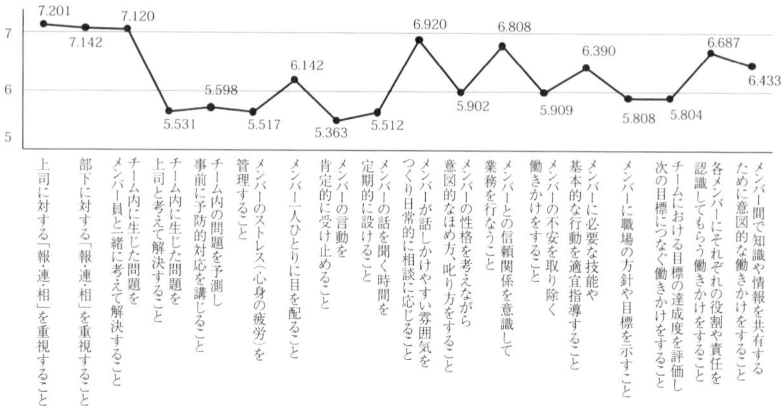

出所）松井（2011）

このような介護職の価値観、文化と経営者、管理者の価値観、文化がコミュニケーションを通じて接触する場合、葛藤や対立が生じることが想定できる。

B. 制度との葛藤

制度との葛藤は、介護職が依拠する介護サービス諸制度と、医療的ケアが依拠する医療サービス諸制度との間、さらに、介護現場の実情と各種制度との間で起きる齟齬やあいまいさに直面したときに生じる葛藤をいう。

医療的ケアでは、介護職の依拠する介護サービス制度と異なる医療サービス制度と関わることになるため、制度との葛藤では、介護職の専門性の根底にある役割関係性役割（領域境界）が強く影響すると考えられる。

【図3-7】ストレスを感じる介護リーダーの仕事

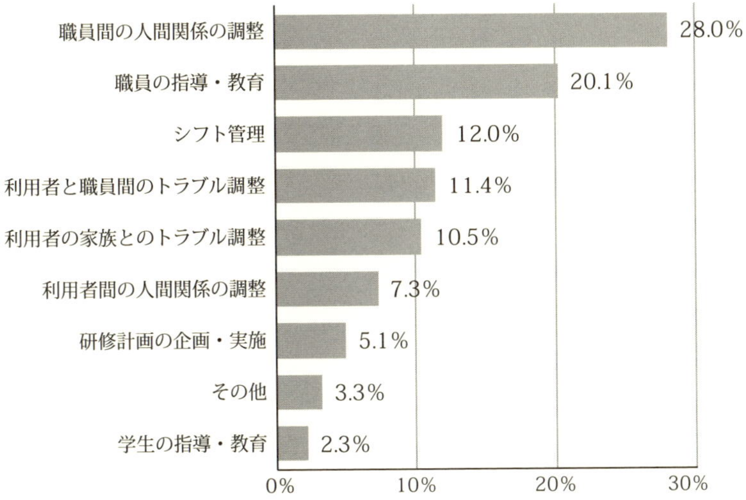

出所）松井（2011）

C. 他職種同僚との葛藤

他職種同僚との葛藤は、看護師や医師など医療系の他職種の専門性や価値観との間で生じる葛藤をいう。他職種同僚との葛藤は、介護職の境界関係性役割（領域境界）と受動的役割双方が影響している。

松井（2011）は、「ストレスを感じる介護リーダーの仕事」を介護リーダー職に調査した。その結果、「職員間の人間関係の調整」が28%と最多で、次いで、「職員の指導・教育」が20%、「シフト管理」が12.8%となっている。多くの介護リーダー職が、利用者や利用者家族との関係ではなく、サービス提供側の内部の関係において強くストレスを感じていることがわかる。

3-6-2. 要求役割間葛藤

要求役割間葛藤は、一人の介護職が担当する利用者、利用者家族などから、千差万別の異なる要求や能力を寄せられることで、対応の判断に臨機応変の高度な意思決定を求められることで、介護職の心理上、生じる葛藤をいう。

利用者、利用者家族などから過大な期待が介護職にかけられることがあり、このような介護職への期待は、入職理由に「やりがい」などを挙げた者にとってはある意味好ましいものであるだろう。一方、外的要因や家庭要因などから入職した者にとっては、利用者、利用者家族などからの過度な期待は重荷と感じられるだろう。

3-6-3. 需給間葛藤

利用者、利用者家族などと介護サービス提供者としての介護職の間で医療的ケアをめぐって生じる様々な葛藤をいう。介護職は「業として」介護サービスを提供し、多くの介護サービスは組織が提供するものである。そのため、介護職個人の事情や、組織の事情から利用者、利用者家族の要求に応えられないことはよくある。

需給間葛藤では境界関係性役割（組織境界）が強く影響するものであろう。

3-6-4. 能力葛藤

介護職個人が持つ知識・能力・スキルと、外部から要求される能力、サービスとの間で生じる葛藤をいう。境界関係性役割（領域境界）、受動的役割双方から影響を受けると考えられる。

介護職関連資格は多様であり、入職経路も多岐にわたる。そのため、入職者の学歴も大学卒業者から中学卒業者まで幅広い。そのため、介護職が持つ能力は一定のレベルを設定しにくい状態にあるといえよう。さらに介護関連資格の教育カリキュラムにも医療的ケアの重みは高くない。

質的調査で、医療的ケアについて介護職が心理的な拒否感を表す際に、理由として「知識がない」「スキルがない」「どの程度処置していいかわからない」など、医療的ケアが介護職としての専門性とは異なることを指摘する者が多い。これは介護職になるために教育、研修を受けてきた内容（価値観や文化などを含め）とは異なるため、医療的ケアに対して、能力的な葛藤が生じるのであろうと考えられる。

また、一般的に介護サービスは入浴介助など「日常性」に依拠したものである。一方、医療的ケアは「非日常性」であるといえよう。介護サービスのほとんどは日常性から類推される、知識として推測可能な部分が多分にある。しかし、医療的ケアについては十分な教育・研修を行わなければ、サービスを提供するだけの、知識としての推測可能な部分がほぼないといえよう。

そのため、医療的ケアについての教育・研修が未実施であり、経験が少ない場合、能力葛藤が起きることは避けられないだろう。

3-6-5. 性格葛藤

介護職個人の性格と、外部から要求される能力、サービスとの間で介護職個人の中で生じる葛藤をいう。

介護職に入職する人々はどのような性格を持つのであろうか。そもそも、介護職へ入職する者の多くは人への奉仕ややりがいといった情緒的な側面への魅力を感じて入職した者が多い。彼らの多くはよりよいコミュニケーション関係を構築することを志向すると考えられる。その意味では、介護入職者の一般的な性格として、身体的状況の客観的な把握、処置するべきかの判断、医療的ケアの技術など、客観的認識力や主体的決断力など医療的ケアに必要とされるものとは異なると想定できる。そのため、性格的な葛藤が生じやすいと推測される。

介護職はどのような理由から入職行動を採っているのだろうか。平成21年度介護労働実態調査労働者票（介護労働安定センター、2010）の「現在の仕事を選んだ理由（複数回答）」によると、「働きがいのある仕事だと思った（58.2%）」「今後もニーズが高まる仕事（36.2%）」「人や社会の役に立ちたい（35.7%）」が主たる理由として挙げられる。

労働政策研究・研修機構（2009）は、介護職への入職を選択する理由を三つに分けて説明している。第一には、仕事内容自体のやりがいなど内的な要因である。第二には、入職可能な他の職業との比較をした上での仕事の将来性など、外的な要因である。第三には、家庭でのケア経験など、家庭の要因である。内的要因によって入職するのは、若年層の男女において顕著で、外的要因から入職するのは中高年の女性において顕著に見られるという。家庭要因は家計補助的に働く女性に多く見受けられるという（労働政策研究・研修機構、2009）。

3-6-6. 役割のあいまい性

質的調査の中で「介護サービスと医療的ケアとの境のあいまいさ」に言及している介護職が多かった。利用者本人の意思を尊重した介護、いいかえれば、日常性に基づいた介護の専門性と、非日常性の要素が強い医療的ケアの異質性が介護職に心理的な葛藤を呼び起こす。しかし、単に異質性があるから葛藤が生まれるわけではなく、あいまいに医療的ケアを実施しなければならないこと、あいまいであるが故に介護職が主体的に判断することが求められるという状況も葛藤の源となっている。

> その年によって、ころころ変わるじゃないですか。この間まではよかったのに、また駄目になったとか、そういうのがおかしい。以前はつめ切りは、本当はやってはいけないとか。心臓マッサージは、やっていいわけじゃないですか。直接、心臓マッサージなんて命にかかわっていることなのに、何でそっちが医療行為じゃなくて、つめ切りが医療行為なのという、素人が納得いかないものが多い。
>
> （佐々木（2011）の質的調査で収録した介護職の発言）

医療的ケアをめぐる介護職の認識は、定義や役割があいまいであるとともに、その理由づけが納得できないというものである。さらに制度改革や規制の変更が頻繁に行われることが介護職の戸惑いを助長していることもうかがえた。

医療的ケアの領域の境界性や制度的な位置づけの揺らぎが、介護現場の介護職に「判断の余地」を与える結果となり、介護職が持つ受動的役割という特性との軋轢の中で葛藤を生じさせている。

以上、介護職が医療的ケアにおいて抱くだろう葛藤について検討し、その葛藤の根源となっていると考えられる介護職の専門性や特性を議論した。これらの議論は、介護職および医療的ケアの実施環境について、「是正されるべき」要素を指摘することが目的ではない。介護職が専門職として役割を果たす上で、必然的に獲得された専門性や特性は、今後も劇的な変容を遂げることは難しいと思われる。今後、医療と介護の連携を効果的に図る上で、介護職の専門性や心理的特性などが十分に検討した、各種制度の検討、教育プログラムの開発などがなされることが求められる。

本章の議論は、現状の介護職の専門性や特性を踏まえ、新たな医療と介護の連携という課題の中で、質の高い医療介護サービスを提供していくべきかの方策を検討する際の一つの思考の枠組みを提案するものである。

[参考文献・資料]

厚生労働省（2007）「社会福祉士及び介護福祉士法案一部変更に見直し理由」社会保障審議会福祉部会報告、2007 年 3 月

松井奈美（代表）（2011）「ニーズの多様化に対応できる指導的介護福祉士の養成の在り方に関する基礎的研究――介護リーダーの業務・役割に関する実態調査」学校法人日本社会事業大学社会事業研究所

Festinger, L.（1954）"A theory of social comparison processes," Human Relations 7, 117-40.

田尾雅夫・久保真人（1996）『バーンアウトの理論と実際』誠信書房、pp.5 − pp.112.

天野正子（1972）「看護婦の労働と意識――半専門職化に関する事例研究」『社会学評論』87、日本社会学会

天野正子（1982）『転換期の女性と職業――共生社会への展望』学文社

Hall, E. T.（1976）"Beyond culture." New York: Doubleday.

Bernstein, B.（1971）"Class, codes and control." Boston: Routledge and Kegan Paul.

Trenholm, S. and Jensen, A.（1996）"Interpersonal communication." Belmont, CA:Wadsworth.

Brislin, R.（1993）"Understanding culture's influence on behavior." Fort Worth, TX: Harcourt Brace College Publishers.

金沢吉展（1992）『異文化とつき合うための心理学』誠信書房

Nishida, H.（1999）"A Cognitive approach to intercultural communication based on schema theory." International Journal of Intercultural Relations, 23 (5), pp.753-777.

Kluckholn, F. R. and Strodtbeck, F. L.（1961）"Variations in value orientations." Evanston, IL. Row, Peterson.

西田ひろ子（2000）『異文化間コミュニケーション入門』創元社
Thompson, J.D.（1962）"Organizations and output transactions". American Journal of Sociology, 68: 309-325.
林信治(2003)「医療的ケアに関する介護福祉士の対処の現状と意識」『厚生の指標』50巻8号、pp.1-7.
齊藤由香、七田恵子（2008）「特別養護老人ホームにおける『介護職が行う医療処置』に関する調査研究」『広島国際大学看護学ジャーナル』6巻1号、pp.15-25.
西浦功（2005）「ホームヘルパーのアイデンティティ構築の困難性：感情労働としての在宅介護」『人間福祉研究』No.8、pp43-54.
財団法人介護労働安定センター（2010）「平成21年度介護労働実態調査」
独立行政法人労働政策研究・研修機構（2009）「介護分野における労働者の確保等に関する研究」労働政策研究報告書 No.113、2009年6月30日
西川真規子（2008）『ケアワーク 支える力をどう育むか――スキル習得の仕組みとワークライフバランス』日本経済新聞社
厚生労働省職業安定局（2008）「介護労働者の確保・定着等に関する研究会：中間取りまとめ」平成20年7月
Barnard, C. I.（1938）"The functions of the executives." Cambridge, MA: HarvardUniversity Press.
濱嶋朗、竹内郁郎、石川昭弘編（1992）『社会学小辞典』有斐閣
独立行政法人労働政策研究・研修機構（2010）「介護における労働者の確保等に関する研究（事業所ヒアリング）」JILPT資料シリーズNo.72、2010年6月30日

第4章　介護職のための医療的ケア・教育訓練

4-1. 医療的ケアについての見解

第1章で示したように、近年の医療改革は「医療と介護の連携」というスローガンの下、入院の短縮が図られ、その結果として、医療ニーズを抱えた患者が介護保険に移行し利用者となっているという現状がある。この中には難病や癌の終末期のケースも多く、厳しい在宅療養（介護）が強いられている。2006年の診療改正率と同年の介護報酬改正率の政府見解は、医療が合計マイナス3.16%、介護が2005年改正分を含め合計マイナス2.4%となっている。「持続可能な制度構築」「医療・介護の質の向上」、平成20年度から5年計画で実施されている「医療適正化計画（生活習慣病有病者の25%削減、平均在院日数の短縮）」という政府スローガンの下、「医療適正化」という用語が事実上医療費抑制という文脈で用いられているように、実質は財源対策としての改正となっている。

介護職にかかわる改正としては、「医師法第17条、歯科医師法第17条、保健師助産師看護師法31条の解釈について」（厚生労働省医政局長、医政発0726005号）という通知が出された。近年の疾病構造の変化、国民の間の医療に関する知識の向上、医療･医療器具の進歩、医療･介護サービスの提供の在り方の変化などを背景に、高齢者や障害者の現場等において、医師、看護師等の免許を有さないものが業として行うことを禁止されている「医行為」の範囲が拡大解釈されているという見解の下に、11項目を専門的管理が必要でない場合には日常生活行為の範疇であることを示した（2005.7.26）。

また、2011年度から実施されている、介護福祉施設において看護・介護職の連携による「口腔内吸引」及び「経管栄養に関する実施準備、経過の観察、終了後の片づけ等」も介護職の業務範疇に組み込まれた。この通知に対し、日本医師会は口腔内吸引や経管栄養は医行為として定義されているかどうか問題であるとし、医師法等で「医行為」であれば介護職の実施に対し反対であるとの声明文を出している（2011.6.10）。さらに、医師会は、2005年7月に出された厚生労働省老健局通知の爪切りや口腔内清掃に関しても医行為であるかどうかの定義が曖昧なままに、日常生活支援の一環として位置づけられ介護業務として実施されていることに対し、今後、その他の医行為についても定義を曖昧としたままで介護職の業務に拡大する可能性を懸念し反対を示している。

介護職への医療拡大については賛否両論あるが、高齢社会の進展に伴う介護サービスの需要の高まりにより、高齢者ケア施設や在宅介護の現場では、医療依存度の高い利用者や利用者家族からの医療的ケアに対するニーズも高まりつつある。特に在宅では、ホームヘルパーが訪問中であっても、吸引等の医療ケアが必要な場合には、家族の休息につながらず、介護職にも対応を望む声があり、すでに利用者及び家族とホームヘルパー個人が契約をするという形で実施している例も多い。

筆者自身は、急速な高齢化の到来、それに伴う疾病構造の変化、国民の権利意識と介護に寄せる期待等がここ数年劇的に変化した今日において、介護福祉士でかつ相当時間の医療ケアの研修を受け、知識、技術共に安全にサービスを提供できる能力があると認められたものに限り拡大すべきであるという考えをもっている。その理由は、介護福祉士がある領域に特化し専門化することで、介護職の地位向上が期待されるからである。一部には、介護職本来の仕事である日常生活の支援が十分に実施できなくなるのではないかという理由で反対する声も聞かれるが、経験と学習に応じ、介護職に階層をつけていくことが必要であると主張する。ドイツの老人介護士のように、すべての老人介護士が医療を担うというのではなく、わが国の介護職の現状は、職業経験の中でキャリアを上げる仕組みとなっているため、介護支援専門員を目指すのと同様な考え方で医療についてのキャリアを積み上げる層が存在してもよいと考えるからである。介護職は、介護福祉士を取得後に看護職のようにその上を積み上げていける専門性を分化させた教育が構造化してないために、社会福祉士、看護師、介護支援専門員[1]のような隣接の職種へキャリアパスすることが多いという課題を抱えている。介護職からコースアウトする主な理由は、財団法人介護労働安定センターが実施した平成21年介護労働実態調査結果によれば、仕事内容の割に賃金が安い、業務に対する社会的評価が低いなどが挙げられており、1年未満の離職者は43.1%、1～3年未満の離職者は32.5%となっている。

介護職の人材の定着は、質の高い人材育成に不可欠である。ドレイファスは、技能習得と発達の5段階モデルを提唱している。第1段階：ビギナー、初心者、第2段階：中級者、新人、第3段階：上級者、一人前、第4段階：プロフェッショナル、熟練者、第5段階：エキスパート、達人という段階モデルである。ベナーは、ドレイファスモデルを看護師の臨床知識の獲得と発達に応用し、「特定の状況の要請に応える適切な行動」が段階を踏んでどのように発達していくかを1,200名以上の現役看護師へのインタビューを通して導き出している。介護職の現在働いている法人での勤務年数は、介護職員が4.3年となっており（財団法人介護労働安定センター平成22年度）、このことは、高い臨床知へと到達する前にキャリアが中途で途切れてしまい、その結果として、介護現場は常に技術や知識が習熟できていない状態に置かれてしまう。従事する領域で利用者に対して質の高い介護サービスを提供することを志すジェネラリストに到達する前にラダーが中途で途切れてしまい、キャリアやスキルが習熟しないという問題点が挙げられる。

4-2. 医療的ケアの概念

医療的ケアについては、在宅で家族が日常的に行っている医療的介助行為を医師法上の「医療行為」と区別して「医療的ケア」と呼んでいる定義もあるが、現時点で明確な定義はない。ここでは、医療行為の中で特に高齢者ケア施設や訪問看護において医療依存度の高い利用者に対して行われるケアの総称として用いている。前述のように、医療的ケアは2003年7月の厚生労働省医政局の通知である、「医師法第17条、歯科医師法第17条及び保健師助産師看護師法第31条の解釈について（通知）（医政発第0726005号厚生労働省医政局長通知）」により、日常生活行為として解釈されてはいるが、通知には対象者の状態の安定や、医師・看護師の連携のもとに、専門的判断を必要としない等の文面が、すべての項目に対し盛り込まれており、このことは、介護職の裁量で可能な医療的ケアか否かの判断が難しく、かつ厳密な意味でとらえれば、通達範囲の医療的行為に留まることの困難性を示す通知内容となっているといえる。

すなわち、同じ行為でも医師が治療目的に行えば狭義の「医療行為」であり、医師の指示のもとに看護師が行えば「相対的医療行為」であり、家族や介護職が行えば「医療的ケア」となる。医療的ケアという言葉や考え方に関しては、医療関係者の中でさえコンセンサスを得ているとは言い難い。

4-3. 医療的ケア拡大の経緯

次に、医療的ケアがどのように拡大してきたか、経緯を説明する。

4-3-1. 医療と介護の連携

政府は新成長計画（平成22年6月18日閣議決定）において、高齢者の不安の解消、生涯を楽しむための医療・介護サービスの基盤強化を謳っており、その一つとして、医療・介護従事者間の役割分担を見直すとしている。成長戦略行程表の中でも、早期実施事項として介護関連職種の活用促進・役割拡大を打ち出しており、政策として、今後、介護職に医療的ケアを拡大していくという方向性を示している。ここ数年間は、以下のような解釈の基で医行為が実施されてきた経緯がある。

4-3-2.ALS 患者への在宅療養

筋萎縮性側索硬化症患者（ALS 患者）の在宅療養は24時間体制で家族が介護を担っているということから、肉体的にも身体的にも大きな負担が生じており、その負担を軽減することを当事者が求め、2003（平成15）年に「ALS（筋萎縮性側索硬化症）患者の在宅療養の支援について（平成15年7月17日付け医政発第0717001号厚生労働省医政局長通知）」が厚生労働省より通知として出された。

厚生労働省は、在宅で療養するALS患者に対する家族以外の者による痰の吸引の実施については医行為であるが、一定の条件の下（知識技術の習得、医療関係者の理解と協力、患者とホームヘルパー間での同意書など）では当面の間やむを得ない措置としている。

4-3-3. 医療的ケアの拡大

このような中で厚生労働省は2010（平成22）年に「特別養護老人ホームにおけるたんの吸引等の取り扱いについて（平成22年4月1日付け医政発0401第17号厚生労働省医政局長通知）」を出した。この通知ではこれらの行為について従来の姿勢通りやむを得ない措置とし、その取り扱いについて述べている。「介護職に対する研修については、介護職員の経験なども考慮して柔軟に行って差し支えないものの、モデル事業においては、12時間の研修を受けた看護師が、施設内で14時間の研修を行ったところであり、入所者の安全を図るため、原則として同等の知識・技能に関する研修であることが必要である[2]」としており、各施設で実施する際の介護職への研修については、明確な内容と基準は示されていない。

厚生労働省、介護現場、医療関係者等のコンセンサスが得られていない中で、「介護職員等によるたんの吸引等の実施のための制度の在り方について 中間まとめ（座長大島伸一）」の検討会では、介護職に対する医療的ケアの対応について拡大する方向を打ち出している。

基本的な考え方・制度のあり方として「介護職員等による痰吸引等については、介護サービス事業者等の業務として実施することができるよう位置付け、現在の実質的違法性阻却論に伴う介護職員等の不安や不安定を解消することを目指す[3]」としている。

また、まずは痰吸引と経管栄養（胃ろう・腸ろう・経鼻経管栄養）については介護福祉士及び介護職が行えるよう制度化すると同時に、将来的な拡大を視野に入れた仕組みにすることを明言している。厚生労働省は関連法案を来年の通常国会に提出し2012年度の実施を目指すとしている。

それに伴い、介護福祉士養成カリキュラムに関連内容を追加すると明記しており、そのために必要な教育・研修は近々示される予定である。また、すでに介護福祉士資格を有している人に対しては追加研修を実施し、それ以外の介護職にも一定の研修を受けることを条件に実施できることとしている。

4-4. 介護職の医療的知識の学習の現状

ホームヘルパー２級課程の養成では、医療関連知識は極めて短時間の教育（訪問看護３時間、医学の基礎知識３時間、障害・疾病の理解８時間）となっている。「連携」がキーワードの現在（連携が成立するためには、それぞれの職種が専門性を持っていることが前提条件であるが)、医療保険の改正や疾病構造等からも、介護職にも医療的な基礎知識が求められてきており、介護福祉士養成の新カリキュラム（2001 年度スタート）では「こころとからだのしくみ（300 時間)」､「医学一般（90 時間)」等が教育の大きな柱の一つとして組み込まれている。厚生労働省は、この背景には 2025 年には後期高齢者が 2000 万人を超えると予測され、認知症の人や医療ニーズの高い重度の者が増加し、国民の福祉・介護ニーズも多様化・高度化している状況にあり、これらのニーズに的確に対応できる質の高い人材を安定的に確保していくことが課題となっていると述べている。「こころとからだのしくみ」については、他職種協働や適切な介護の提供に必要な根拠として学ぶことを目指したものとなっている。

また、厚生労働省はホームページにおいて「今後の介護人材の在り方について（2011 年１月 20 日)」、現在のホームヘルパー研修２級を初任者研修と位置づけ、初任者研修⇒介護福祉士⇒認定介護福祉士を基本と

【図4-1】ストレスを感じる介護リーダーの仕事

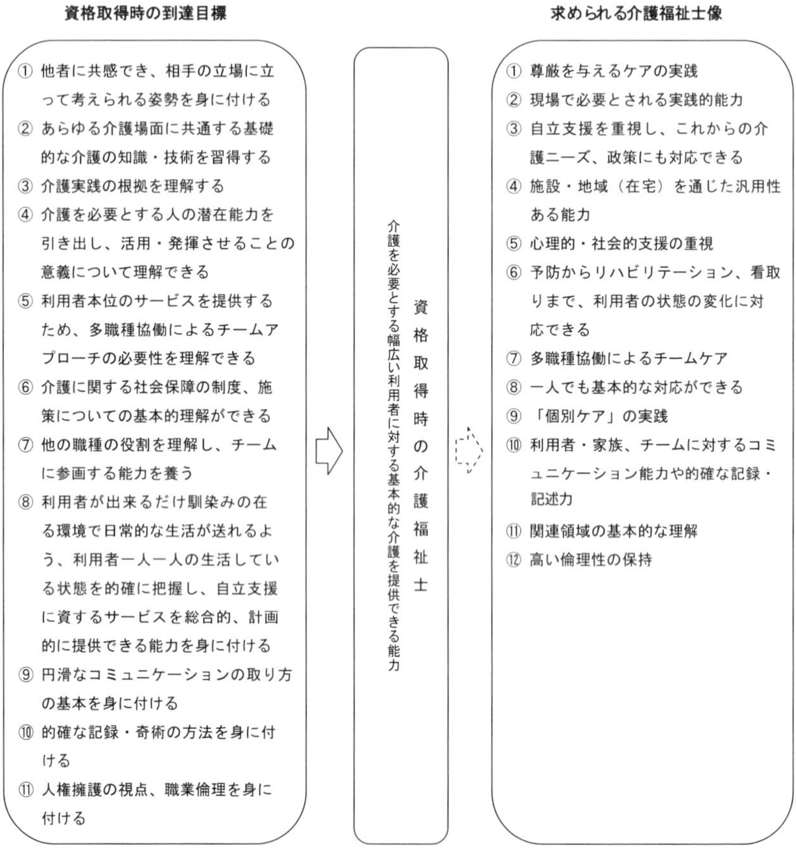
資格取得時の到達目標
① 他者に共感でき、相手の立場に立って考えられる姿勢を身に付ける
② あらゆる介護場面に共通する基礎的な介護の知識・技術を習得する
③ 介護実践の根拠を理解する
④ 介護を必要とする人の潜在能力を引き出し、活用・発揮させることの意義について理解できる
⑤ 利用者本位のサービスを提供するため、多職種協働によるチームアプローチの必要性を理解できる
⑥ 介護に関する社会保障の制度、施策についての基本的理解ができる
⑦ 他の職種の役割を理解し、チームに参画する能力を養う
⑧ 利用者が出来るだけ馴染みの在る環境で日常的な生活が送れるよう、利用者一人一人の生活している状態を的確に把握し、自立支援に資するサービスを総合的、計画的に提供できる能力を身に付ける
⑨ 円滑なコミュニケーションの取り方の基本を身に付ける
⑩ 的確な記録・奇術の方法を身に付ける
⑪ 人権擁護の視点、職業倫理を身に付ける
資格取得時の介護福祉士
介護を必要とする幅広い利用者に対する基本的な介護を提供できる能力
求められる介護福祉士像
① 尊厳を与えるケアの実践
② 現場で必要とされる実践的能力
③ 自立支援を重視し、これからの介護ニーズ、政策にも対応できる
④ 施設・地域（在宅）を通じた汎用性ある能力
⑤ 心理的・社会的支援の重視
⑥ 予防からリハビリテーション、看取りまで、利用者の状態の変化に対応できる
⑦ 多職種協働によるチームケア
⑧ 一人でも基本的な対応ができる
⑨ 「個別ケア」の実践
⑩ 利用者・家族、チームに対するコミュニケーション能力や的確な記録・記述力
⑪ 関連領域の基本的な理解
⑫ 高い倫理性の保持

するとしており、介護の世界で生涯働き続けられる希望が持てる仕組みを構築しようとしている。この認定資格の中には、認知症ケアや重度介護、介護管理などと並んで、社会の要請から見ても医療的ケアを実践できる人材育成も含まれるものと推測できる。

【図 4-2】日本介護福祉士会生涯研修体系図

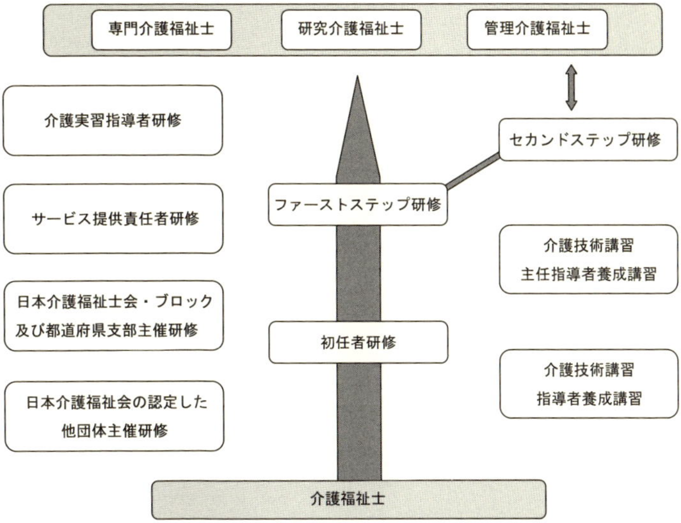

【図 4-3】実務者研修のイメージ

［ 到達目標 ］
○ 幅広い利用者に対する基本的な介護提供能力の習得
※介護福祉士養成施設（２年以上の養成課程）における到達目標と同等の水準
○ 今後の制度改正や新たな課題・技術・治験を自ら把握できる能力の獲得を期待

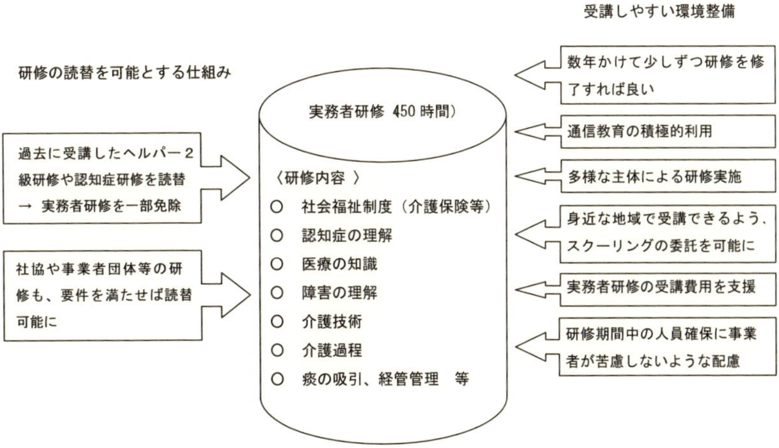

4-5. 日本に先駆け介護保険制度を施行したドイツの人材育成

4-5-1. ドイツ介護保険の特徴

わが国で地域における包括的ケアを目指すにあたり、介護職に求められる業務範囲の拡大（医療・医療ケア）、看護と介護の連携の必要性が高まる中、医療ケアを担っているドイツの老人介護福祉士の教育と業務の実態を見聞することを目的として筆者は2011年3月にドイツの介護人材教育と介護現場を視察してきた。結論からいえば、ドイツの老人介護士は日本でいう医療的ケアを担っており、看護師と介護士の業務の垣根が低いという特徴をもっていた。ドイツにおいては、公的な介護保険は家族等による介護を補完するものとして位置づけられている。家族介護者等を支援するため、介護保険では、介護手当の支給、休日の取得と代替介護者の確保、家族介護者の年金保険料の負担、相談や助言、介護者向けの講習受講の機会の提供などが行われている。

ドイツの老人介護士はわが国と同様に国家資格として制度化されており、Altenpflegerと呼ばれ、老人介護士と邦訳されている。ドイツも、わが国同様に、高度経済成長に伴う核家族化や高齢社会の到来、認知症の人の増加などにより、伝統的な家族介護が困難となってきている。老人介護士が養成されるまでは、キリスト教の修道女が看護や介護を担っていたが、修道女数が減少したことから、介護の専門家を養成するニーズが発生した。その後、修道女に代わる人材として、家庭婦人を半年から1年かけて養成を行ったが、介護の専門家としては育成期間が不十分であることから、2年間の養成制度に変わり、1990年代から各州で現在につながる3年間養成に変わってきている。また、日本のホームヘルパー研修修了者に相当すると考えられるAltenpflegehelfer（老人介護補助士）は、1年コースで理論教育800時間、実務教育850時間で実施されており、老人介護士の補助的役割を担い、医療行為はできない。このコースは、老人介護士の資格につながっており、3年の養成機関が1年間短縮される仕組みとなっている。老人介護士同様に修了試験は筆記試験、口述試験、実技試験で構成されている。

ドイツの老人福祉士について、三原（2000）は、「育成当初は、看護理論や看護技術が介護の理論や実践の基礎となり、老人介護士は看護師から波生してきた専門家であった。ただ、ドイツでは1965年にドイツ公私社会福祉協議会が『老人介護士は、看護師の補助的仕事ではなく、高齢者の社会的介護を行う専門職である』と述べ、老人介護士は早くから看護師と異なる職種であると早くから主張されてきた。今日、ドイツでは老人介護士は、医療的介護と社会的介護の両方の専門的知識を備えた専門家であると考えられている。しかし、実際の教育カリキュラムは、医学的知識に重点を置いた高齢者介護が重視されている」と述べている。今回の視察では、高齢者施設のほかにケルン州の養成校2校を訪問したが、介護実習室の備品は日本とは異なり、医療処置に必要な物品で占められており、日本でいう介護技術は実習教育で学び、養成校では医療中心の理論教育と技術教育が実施されていることが確認できた。

老人介護の専門職である老人介護士の養成制度は、従来は各州の州法によって定められていたが、教育内容や教育期間などに差があるために、2000年11月に連邦法により統一され、2003年8月から、「老人介護の職業に関する法律」が施行され国家資格として制度化された。この法律により、老人介護士の名称独占、養成期間、養成者の教育訓練開始条件（4年間の義務教育後に6年間の実業学校を終了していること）などが看護師の養成と同一条件となった。また、2007年の養成教育のカリキュラムの見直しに伴い、医療の部分が増加し、点滴の管理を始め、バルンカテーテルの交換、注射、浣腸、痰吸引、インシュリン注射など日本の施設看護師と同様な業務が行われていた。ただ、これに伴う介護保険請求の記録が増大し、生活支援に十分な時間がかけられないという課題も生じていることを養成校の教員は危惧していた。

老人介護士の教育も、ドイツの伝統的なすべての職業が教育訓練制度の上に成り立っていると同様な考え方の上に位置づけられており、3年間での教育は理論教育2100時間、実務教育2500時間で（日本では新カリキュラムで1800時間）、他の職業訓練同様にデュアルシステム（養成学校で理論を学び、実習先で実践を学ぶという二次元教育）で行われており、実習先とは養成教育契約が結ばれており基本的に3年間同じ施設で実習（実践）が行われ、実習先から一定の報酬を受けており、社会保障制度の対象にもなっている。

わが国の医療制度の改革でも、入院が短縮化されたことにより以前は患者であった者が介護保険の利用者となってサービスを提供されているが、近年のドイツでも、老人の介護と病人の看護は重複する現象が見られるようになってきており、高齢者施設においても医学的な治療看護が増え、以前にもまして特別な知識が求められるようになってきていた。すなわち、ドイツでは、老人介護士の専門性の範疇が医療へと一層拡大してきている。わが国でもIPE（Innter Professional Education）と呼ばれる専門職連携教育を取り入れた教育実践が行われつつあるが、利用者（患者）を中心におくチームケアでは、互いの専門性を知るとともに、コミュニケーション力を備えた人材の育成は極めて重要であり、ドイツでは、看護教育と老人介護士教育を最初の1年間共通で行うという試みがすでに開始されていた。

現在、日本では看護大学が増加し続けており、中学生・高校生のなりたい職業の上位にランキングされている。その一方で、介護を目指す学生が減少している傾向がみられる。わが国の介護福祉士は、学校教育を

【図4-4】実務者研修のイメージ

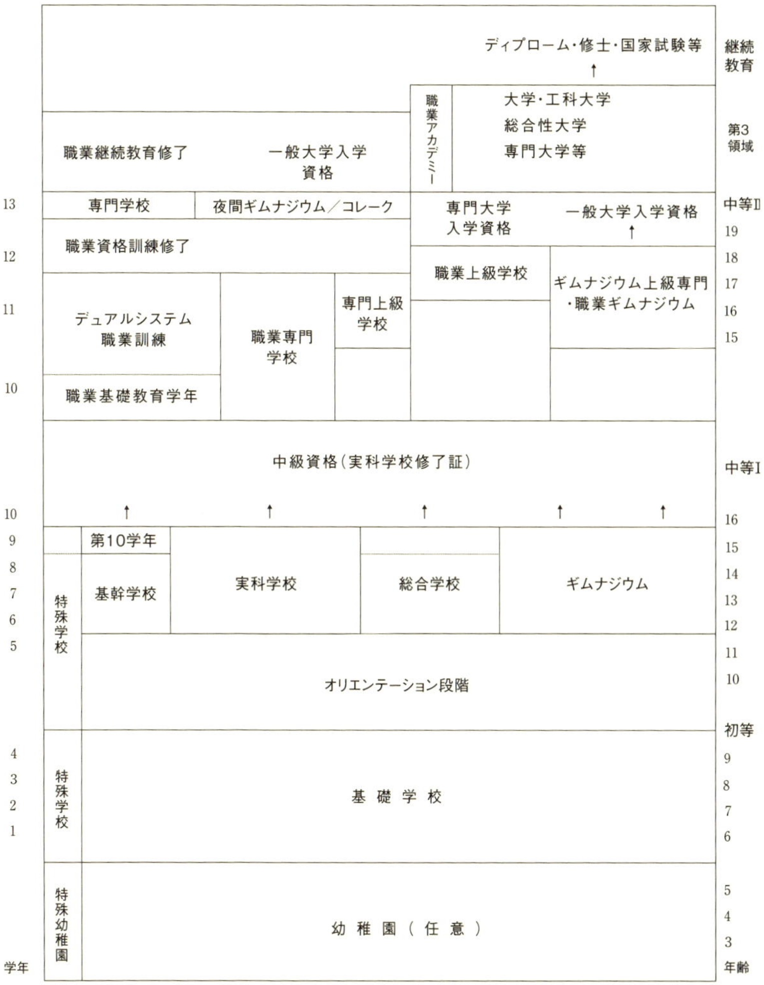

経てという人よりも、現場経験3年以上という受験資格をクリアして国家資格を取得した者が圧倒的に多く、言いかえれば、介護職は現場の中でキャリアを積み上げげていく仕組みが構築されているといえる。わが国では、看護師養成と介護福祉士養成の目的と制度の違い、教育が開始さ

れた歴史的背景の違いなどから、ドイツのように看護と介護が両資格制度に共通する教育の部分を一緒に学習するという共通基盤教育は今のところ皆無に近い。人口構造の変化とそれに伴う疾病構造の変化、医療改革とそれに伴う医療費の削減、家族を取り巻く環境の変化などに対応し、介護福祉士の専門性の強化や役割の拡大は自立的な生活を支えるためにも有効な手立てを打ち出す必要に迫られてきており、ドイツの教育訓練の在り方は、相互の職種の理解を深めるという意味でも、一つの手法として参考になる。今後、介護職が医療ケアの一部を担うことになれば、わが国では「医療・福祉大学」も多数創設されており、また、他大学との連携教育も活発化してきており、その機能を有効に生かした共通基盤教育が実現する可能性もある。他職種連携が叫ばれる中で、互いの専門性を確認する意味でも、共通の学びの場があることは大切である。

ドイツでは看護師教育も老人介護士同様に職業訓練に位置づけられている。四年制大学での看護教育は、「看護の本質を貫く理論を基盤とした科学的体系教育を通じての実践力の育成」を重視した教育をしている。一方、1950年代にはディプローマ（職業訓練）を廃止し、大学教育に切り替えたアメリカの看護教育は、次々と斬新で世界をリードする看護理論を生み出し続けている。職業訓練の枠組みの中では、実践力は強化されるが理論を生み出していく力量は育ちにくく、この点はドイツの教育システムの弱みとも言えよう。このことを介護福祉士教育に置き換えると、わが国では、四年制大学での介護教育が普及しており（2011年には68校）、大学教育及び卒業後の継続教育のありようによっては、介護職が自らの力で臨床に役立つ介護理論を生み出し、発展させていく可能性を多いに秘めていることが示唆される。

わが国の介護福祉士の養成校には、2年教育の専門学校・短期大学、4年教育の大学があるが、たとえば四年制養成校では、医療的な学習を強化し、医療的ケアに対応できるメディカルケアワーカーを育成するなども将来展望の一つである。

また、わが国の介護福祉士は、多くが現場経験から資格取得をしている[4]ことを考えると、現場で経験を積み上げながらキャリアを積んでいく仕組みとなっていると言える。このことから、たとえば、介護福祉士経験3年以上を対象にして医療的ケアができる人を再教育し育成していくことも一案である。医行為か医行為から外すのかの医療の定義の論争ではなく、制度を見直し、教育システムを構築し、医療であってもここまでは特別な訓練を受けた介護福祉士が実施すると明確に示すことが必要であり、介護福祉士のキャリアにとっても有効かつ魅力的であると考える。わが国では、介護福祉士の養成がスタートした時から二年制の専門学校から四年制大学まで同様なカリキュラムが示されているが、教育訓練の期間と内容によって業務内容が異なるドイツのやり方は、少なからずわが国の今後を見据えたときの参考となる。

4-5-2. 医療的ケアに対する加算体制

また、ドイツでは、昨年から認知症のケアに対し手厚い人手が必要であるとの見解から、利用者一人につき月200ユーロの介護保険加算が行われるようになり、その増収で人員配置を増やすことができたと述べていた。わが国でも、重度な認知症ケアや医療的ケアが必要な入所（居）者の比率に応じた介護保険加算体制が構築されていかない限り、手のかかる人は入所（居）制限され、結果、家族に負担を強いるという現象を引き起こしかねない。

4-5-3. ドイツの事例からわが国への示唆

1990年代以降拡大し続けている介護職は、現在120万人を超えており、今後、2014年には140～150万人、2030年には180～190万人が必要であると予測されている。短期間にこれだけ大きな職業集団となった介護職は、働く場の特性、経験、力量、やる気、極めたい専門性等に見合う継続教育が開発され、さらに、それに見合う専門職としての社会的評価と経済的評価を得られる仕組みが整えることが求められている。

医療的ケアという曖昧さをなくし、医療の一部を実施できる介護福祉士を育成するという明確な目的を持って人材を育成していくことも今日的な課題の一つである。なぜならば、介護老人福祉施設の多くは、夜間は看護師がオンコール体制となっており、認知症高齢者グループホームは看護職の配置が定められていない実態を考えると、どの時間帯でも医療の一部を担える介護職が配置されていることは、利用者にとっても安心できる環境である。厚生労働省は、胃ろうやたん吸引等の実施を医行為と位置づけながら、社会福祉士及び介護福祉士法を改正することで医師法違反をクリアする方向性での改革を進めているが、改革を推進する以上、それに見合う質の高い教育訓練カリキュラムの開発と実施方法を並行して行い、国民に納得できる形でコンセンサスを得る必要がある。施設内研修というような国民が可視化できにくい研修体制ではなく、認定看護師（5年以上の経験と受けたい特定分野の経験3年以上の者が500時間以上の教育研修を受講し認定試験に合格した人である。また認定者は5年ごとに資格審査を受け続けていく仕組みとなっている）同様に、相当数の時間を費やした特化した教育課程を設け、認定試験を実施していくべきである。テクニックだけの教育にとどまらず、理論を学び、その上に実践技術を乗せる教育体制が安全性やパートナーである医療関連職種の人たちを納得させるためにも不可欠である。介護福祉士や介護職が国民から信頼され、確固たる社会的地位を確立していくためにも、介護職が独占業務をもつことには賛成であるが、安易なやり方で医療を拡大する方向に足を踏み入れるべきではない。

4-5-4. 介護職の医療的ケアに対する不安

介護職は、医療的ケアや医療ケアに関し、事故が起きた時の自己責任と事業者責任を大きな不安要因として挙げているが、介護福祉士が名称独占にとどまらず業務独占の部分を担えることは専門職としての業務拡大につながるチャンスであるというとらえ方もできる。介護職従事者には、対人援助専門職としての職業イメージによって、しばしば対象者と向き合う際に、自らのできること・できないことを限定してしまう傾向がある(5)。日常的な業務の中で培う職業イメージによって観点や行為が限定されてしまうのである。そして、そのように職業的に形成してきた限定性は、自らに対しての壁として立ち現れやすい(6)。そのため、介護職従事者は、自らの基礎資格が持つ限定性に気付き、その限定性を超える新たな専門性を再構築することが求められるのである(7)。利用者と向き合う際に介護職が介護職としての使命を果たしていくためには、介護全体が理解された上での医療関係者の強力なパートナーシップが重要であり、パートナーから信頼と安心が認識されない状況下で安易に業務拡大を図るべきではない。介護職も、これまでに蓄積してきた実践の根拠を知的に活用し、新たな介護実践モデルを構築するという強い意志と行動力が必要である。また、国民や医療関係者に対し、介護が利用者の尊厳ある生活にどれだけ大きな影響を与えているかを認識してもらうような働きかけを行い、介護という仕事を発展させていくことも重要なテーマの一つである。ますます高齢化し、家族介護の基盤である家庭も脆弱化していくと考えられるわが国において、介護職は、どのような場で、どのような活動をしているのか、何ができるのか、介護職がいないと介護を必要としている人の生活はどうなるのかといった、介護という仕事の重要さを認識してもらうとともに、介護が社会に果たす役割を言語化し、介護職の社会的評価やイメージの向上に繋げ、介護職がどれだけ介護現場、ひいては尊厳ある人生を生きるために必要な人たちであるのかを国民に理解してもらうことが不可欠である。

4-5-5. キャリアアップの一つとしての医療的ケア

介護福祉士のキャリアアップの一つとして、医療的ケア・医療の一部を担うことができる専門性の高い介護福祉士を養成していくことが有効である。しかし、そのためには、他の専門介護福祉士を創設する際と同様、専門職を担うことに見合うだけの必要な時間数をかけて教育していくことが必須であると考える。この点、中村優一は専門職の視点として、①科学的理論に基づく専門の技術と体系、②その技術を身につけるのに必要な一定の教育と訓練の必要性、③一定の試験による能力の実証、④倫理綱領による統一性の担保、⑤公衆の福祉に資すること、⑥社会的に認知された専門職団体として組織化されていること、などを挙げている(8)。また、大橋謙策は①養成課程が優れて限定的であり、かつ養成の結果として身につけた知識と技術が他者の生活や、他者が一般的にもつ知識、技術と大きな隔たりがあること、②一定の養成課程を占有し、養成課程の資格が社会的に認知されているか、③資格によって専門職の経済的条件を含む地位の向上に繋がるか、を挙げている(9)。介護福祉士には介護福祉士養成校を卒業した者、教育課程を出ずに現場経験を基に介護福祉士となった者が混在しており、また、それらの者の教育背景も、四年制大学卒業者から短時間養成のホームヘルパー研修の修了者まで、極めて多様である。このような教育背景の多様さから、中村優一のいう専門職の視点の一つである科学的根拠に基づく専門の技術と体系についてみれば、経験に依拠せざるを得ない者が少なくないという実態がある。専門職育成のためには、教育背景による知識や技術の不足をカバーできる教育研修体制を整えた上で、医療的ケアや医療の一部を担う人材育成を構築する必要がある。そのような体制づくりがなされない限り、介護職は他の専門職とは一線を引かれた状況に置かれることとなり、大橋謙策が専門職要件に挙げている、養成課程の専門性についての社会的承認が欠ける結果、社会的地位の向上とそれに見合う経済効果を伴わない名ばかりの専門職となってしまう恐れがある。

介護職の離職率は、平成20年の介護労働安定センターの調査によれば、平成19年1月から平成20年9月の1年間で離職率は18.7%であり、施設職員は21.9%である。そのうち1年未満の退職者は39.0%、1年から3年年未満が36.5%で、離職者の75.5%が3年未満で離職している。看護師の世界でも同様な現象が見られる。離職理由のワースト3は

① 属部署の専門的な知識・技術の不足

② 医療事故を起こさないか不安

③ 基本的な看護技術が身についていない

を挙げている（日本看護協会中央ナースセンター事業部、2005）。対象者への安全面からも看護技術チェックリストを作成し評価システムを取り入れ技術の標準化を図るなど職能団体全体で早期離職への支援策に取り組んでいる。また、多くの病院は①新任看護師のリアリティショックを緩和し、職場への順応を促進する、②新任看護師が段階的に看護の基礎技術を習得できるようにする、③看護師全体が新任看護師をサポートし新任看護師が自身の成長を実感できる、などを目標とし、心理的支援のためにプリセプターをつけ、基本技術習得のためにはコーチを配置しリアリティショックの緩和と仕事を通しての成長を実感できる仕組みをつくり支援している。短期間養成で介護の仕事に就いた人の中には、日常生活支援ならやれそうという比較的安易な気持ちで入ってきた人も含まれている。新卒看護師が3年以上学習してきたにもかかわらず入職時に「一人でできる」と認識した看護技術は103項目中4項目しかない

と、7割の新卒看護師が自己評価している（日本看護協会中央ナースセンター事業部、2005)。

平成20年3月に出された東京都福祉保健局による「平成19年特別養護老人ホーム等経営実態調査結果」をみると、利用者の平均要介護度は特養が3.9、老健が3.2となっており、特養では要介護5が34.3%、要介護4が33.8%である。老健においては要介護3が30.1%、要介護4が28.3%となっている。これらの実態から、対応が難しい認知症ケア、看取りケア、身体的に重度の介護等に遭遇することが日常的であり、介護の現場でも新卒看護師と同様なリアリティショックが起きているものと考えられる。看護師以上に、入職後早々に実践力が求められるなか、プリセプターやコーチを配置し、必要な技術が安全に実施できるようにトレーニングし、かつ、心理面を支え育成していくという仕組みができているところは介護施設ではまだごくわずかである。2008年6月19日掲載の西日本新聞記事は、福岡市内の介護保険3施設（特養、老健、介護療養型医療施設）における高齢者の事故が過去5年で82件あり、そのうちの29件は転倒・転落、誤嚥・誤飲による窒息で死亡している。事故の内訳は、居室内転倒などが多く、高齢者の身体能力の低下等不可抗力的なものもあるが、やるべきことをやらない（ルール違反）ためにおこる介護過誤[10]も含まれており、医療法違反と業務過失致死容疑で書類送検されている事例もある。要介護者が多い割には、介護事故は少ない（どこまでを事故として報告するかで事故件数は大幅に異なると考えられる）が、事故に占める死亡率は驚くほど高い。介護事故で刑事責任を問われることがますます増加している今日、医療的ケアや医療ケアの一部を介護者が担う場合に、「できればやりたくない」「不安である」という回答は頷ける。

介護職の離職を防止し、質の高いケアを提供していくために、リアリティショックを緩和し、安全な技術が提供できるようなシステムづくりが望まれる。2010年8月に日本医療機能評価機構が発表した、医療機関で1年間に報告された医療事故とヒヤリハット数は過去最多となった。これは、医療現場における医療事故、ヒヤリハットの報告が定着ししてきており、安全性への意識が高まったことによる影響が大きいという見方をしている。国立病院機構や大学病院等報告義務のある医療機関273か所の報告によると、医療事故事例は1,895件であり、過去最高の数値を示している。その中で、上位を占めた項目は「療養上の世話（40%）」、「治療処置（28%）」、「医療用具等（9%）」となっている。ヒヤリハットは、全国の医療機関で、24万1939件おきており、薬の種類や量を間違える「処方・与薬」が5万840件（21%）、人工呼吸器等のチューブ接続ミスなど「ドレーン・チューブ類の使用・管理」が3万5,152件（21%）、転倒などの「療養上の世話」が、1万9,813件（8%）となっている。

4-6. リスクマネジメント

以上の報告から、介護現場においても、医療的ケアや医療の一部を実施することで同様な事故やヒヤリハットが増加すると推測される。介護の現場は医療現場に比較すると、生活支援のための技術進歩はスローである。しかし、今後、たん吸引や経管栄養の管理等を本格的に担っていくようになれば、目に見えない身体部分の処置と的確な観察力、医療機器の技術進歩に追い付いていく技術力の必要性が生じ、ますますリスク管理が重要な課題となってくる。また、介護サービスを利用する人たちも、かつてとは異なり、専門職に対し、考えうる最高の水準を維持するのが当然という意識が芽生えてきている。

わが国で今後拡大されていくと考えられる、介護職の医療的ケアについては、十分な時間をかけた教育体制をOJT、OFF－JTの両面から整備していくことが重要であり、かつ、実施者個人に過度に責任が及ばない法整備が求められる。

［注］

(1) ベネッセ教育研究開発センター第2回子供生活実態基本調査（2009年）で、看護師は小学生・中学生女子ではなりたい職業の第4位である。高校生女子のなりたい職業の第1位は保育士・幼稚園の先生、第2位学校の先生、第3位看護師となっている。なお第1回の調査（2004年）でも高校生女子のなりたい職業の第3位は看護師である。介護福祉士は小学生、中学生、高校生の男子、女子のいずれにおいてもベスト10に入っていない。

(2)「特別養護老人ホームにおけるたんの吸引等の取り扱いについて」（平成22年4月1日付け医政発0401第17号厚生労働省医政局長通知）より引用。

(3) いわゆる実質的違法論の立場であり、違法性を実定規則に違反する形式的違法性との説明に止まらず、実質的根拠で説明しようとする考え方。すなわち、違法性を実質的に理解し、法定の違法性阻却事由以外にも違法性を否定（処罰に値する程度の違法性ではないと）するもの。判例においては、実質的違法性阻却理由として、1目的の妥当性、2集団の妥当性、3法益衡量、4法益侵害の相対的軽微性、5必要性・緊急性に該当することという条件がほぼ共通して挙げられる。ただし、違法性阻却論は、個々の事案を事後的に評価するものであって、事前の評価にまで拡大すべきではないという指摘もある。

(4) 厚生労働省ウェブサイトでは「平成22年介護福祉士登録者数、総数898,429人、うち養成校265,863人、国家試験（実務経験ルート）632,566人」となっている。

(5) 三井さよ『ケアの社会学』勁草書房、p34

(6) 同上 p34

(7) 同上 p39

(8) 中村（2002）

(9) 大橋（1990）

(10) 介護過誤：介護事故の一類型であって、介護従事者が介護遂行において、介護の原則に反して被害を発生させた行為であり、介護ミスともいう。

［参考文献・資料］

佐々木由恵代表（2011）「厚生労働省平成22年度老人保健事業推進費等補助金（老人保健増進等事業分）高齢者ケア施設における質の高い看護・介護を促進する現任者教育の在り方に関する調査研究事業報告書」日本社会事業大学

山岡喜美子（2004）「介護福祉における医療介護」、住居広士（編）『医療介護とは何か――医療と介護の共同保険時代』金原出版

大平滋子、野﨑和義（2004）『事例で考える 介護職と医療行為』NCコミュニケーションズ

日本看護科学学会看護学学術用語検討委員会（2005）『看護行為養護分類 看護行為の言語化と用語体系の構築』日本看護協会出版

環境新聞社（2009）「特集 特養で解禁ってほんと？　介護職の医療行為」『月刊ケアマネジメント』Vol.20 No.8、環境新聞社

パトリシア・ベナー、井部俊子（訳）（2005）『ベナー看護論――初心者から達人へ』医学書院

パトリシア・ベナー、難波卓志（訳）（1999）『現象学的人間論と看護』医学書院

三原博光（2000）「介護福祉教育」、中村優一、一番ヶ瀬康子、『世界の社会福祉8　ドイツ・オランダ』旬報社、pp.226-pp.238.

中村優一（2002）『社会福祉教育・専門職論』旬報社 pp.101-103.

大橋謙策（1990）『社会福祉の専門教育』光生館 pp.28-23.

日本看護協会中央ナースセンター事業部（2005）「新人看護職員の入職後早期離職防止対策報告書」

東京都福祉保健局（2008）「平成19年特別養護老人ホーム等経営実態調査結果」

三井さよ（2004）『ケアの社会学』勁草書房

厚生労働省通知等

「ALS（筋萎縮性側索硬化症）患者の在宅療養の支援について」（平成15年7月17日付け医政発第0717001号厚生労働省医政局長通知）

「盲･聾･養護学校におけるたんの吸引等の取扱いについて（協力依頼）」（平成16年10月20日付け医政発第1020008号厚生労働省医政局長通知）

「在宅におけるＡＬＳ以外の療養患者・障害者に対するたんの吸引の取扱いについて」（平成17年3月24日付け医政発第0324006号厚生労働省医政局長通知）

「医師法第17条、歯科医師法第17条及び保健師助産師看護師法第31条の解釈について（通知）」（平成17年7月26日付け医政発第0726005号厚生労働省医政局長）
「特別養護老人ホームにおけるたんの吸引等の取扱いについて」（平成22年4月1日付け医政発0401第17号厚生労働省医政局長通知）
介護職員等によるたんの吸引等の実施のための制度の在り方に関する検討会「介護職員等によるたんの吸引等の実施のための制度の在り方について中間まとめ」、平成22年12月13日

第5章　専門職としてのキャリアパス、資格制度

5-1. 介護リーダー職養成の実態からみる介護職の専門性の課題

1987年に社会福祉士及び介護福祉士法が施行されて20年余りとなる。介護福祉士が国家資格として誕生して以来、介護は職業的に専門職へと発展する道を歩んできた。しかし、わが国では人口の高齢化が急速に進んでいることから、高齢者ケア施設に入所する利用者のニーズも大きく変化しつつあり、より高度な介護技術を有した介護職が必要になってきた。その一つが、医療依存度の高い利用者の増加に伴う、「医療的ケア」に対するニーズの高まりである。介護職はこれに対応するための役割や行動のあり方にも変化が求められてきている。

5-1-1. 介護リーダー職の置かれた状況

そこで松井（2011）らと共同研究を行った「ニーズの多様化に対応できる指導的介護福祉士の養成の在り方に関する基礎的研究――介護リーダーの業務・役割に関する実態調査」の調査結果を用いて、介護職が社会的要請に応えられているのかを確認する。

まず、介護現場[1]の役職の在り方について検討してみる。介護施設の場合、役職名や位置づけは法人によって若干異なるが、松井によると特別

【図 5-1】 介護リーダーに必要な技能

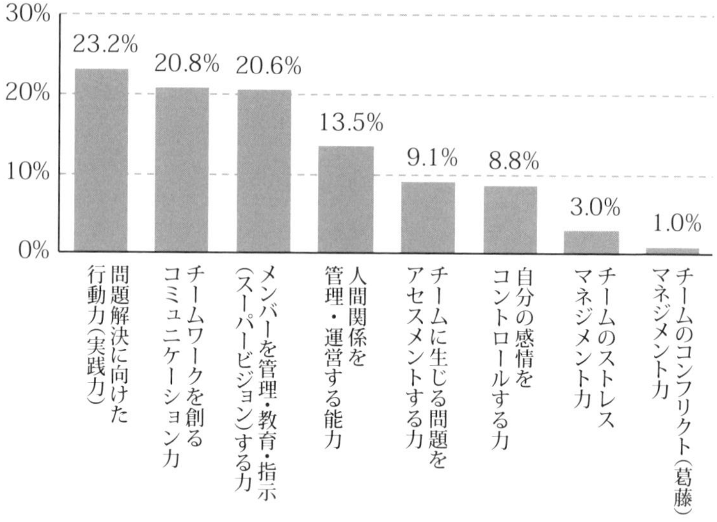

養護老人ホームでは介護長をトップとして、副介護長、ユニットリーダー、サブユニットリーダー、一般介護職員（役職無し）という階層をなしている。介護職のキャリアパスと言えば単純かつ単線型の階層構造を形成していることや役職数が少ないことが特徴である。

5-1-2. 介護リーダー職の属性

介護職全体の男女比率は、女性が 79.6％、男性が 18.5％であるが、介護リーダー職（n ＝ 1013）の男女比率は女性が 69.89％、男性が 28.33％で、介護リーダー職においては男性の比率が微増している。

年齢構成は、20 歳代が 11％、30 歳代が 38%、40 歳代が 26%、50 歳代が 21% であった。介護リーダー職で最多の年齢層が 30 歳代であり、20 歳代と合わせると約半数となる。

また、現在の職場の在職年数は 3 年～ 6 年、6 年～ 9 年がピークと

【図 5-2】現在の職場でのリーダー年数

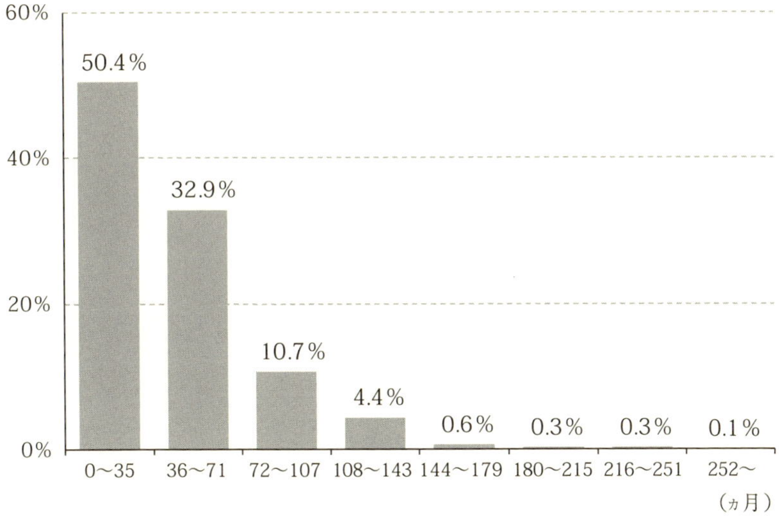

なっていた。参考までに大規模調査を行っている財団法人介護労働安定センター「平成 22 年度版　介護労働の現状Ⅱ」の調査結果をみると、現在働いている法人の勤続年数の平均は、訪問介護員が 4.4 年、サービス提供責任者が 5.6 年、介護職員は 4.3 年、介護支援専門員が 6.0 年であった。また、主な仕事（職種）での経験年数は、訪問介護員が 5.7 年、サービス提供責任者が 5.1 年、介護職員が 6.1 年、介護支援専門員が 5.3 年であった。このように介護職の平均勤務年数が短い要因の一つとして介護保険開始後、この 10 年間で介護者人口が増加していることにも起因している。

現在の職場でのリーダーとなってからの年数を見ると、1 カ月～ 3 年が最も多く、50.4% にも達する。低賃金などの問題もあり、介護リーダー職として働き続けることは難しいこともあり、リーダー経験年数は比較的浅くなっている。

介護職の賃金カーブ（図 5-3）を次ページに示す。これによると、男

【図 5-3】介護職の賃金カーブ（上段：男性、下段：女性）

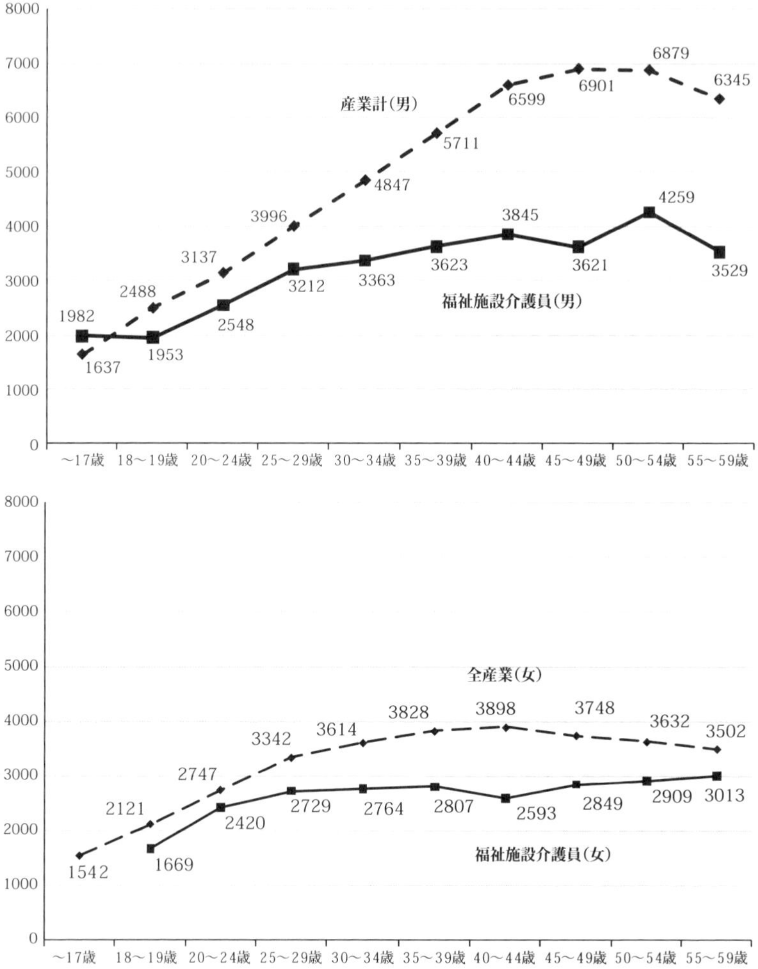

出所）厚生労働省「賃金構造基本統計調査（平成 19 年）」
＊事業所規模 10 人以上の常用労働者を雇用する事業所に雇用される常用一般労働者について年収を推計したもの。
＊縦軸の単位は千円

女ともに福祉施設介護員は全産業と比較して賃金カーブは概して低い水準にある。

さらに、福祉施設介護員の賃金カーブは比較的フラットなものであり、年齢に応じて賃金が上昇していない。福祉施設介護員の男性は女性に比べて若干の上昇の山が高いものの、全産業の平均と比較すると上昇の幅は小さい。

平均離職率について全産業と介護職を比較してみる。全産業の平均離職率は14.6%（男性は12.2%、女性は18%）である一方で、介護職全体の平均は18.7%（介護職員は21.9%、訪問介護員は13.9%）である。単純に比較すると、介護職全体の平均離職率は全産業のそれよりも高い。

介護サービスにおける離職率の高さは、介護サービスの質の低下をもたらすことが指摘されている（Castle et al., 2007）。

一方、介護福祉士などの養成施設では定員割れが生じており、かつ卒業者のうち介護サービス分野に就業する割合も低下する傾向にある（厚生労働省、2008）。

離職率が比較的高く、専門養成機関からの入職が低下しているなど、介護職がおかれた状況は厳しいものとなっている。

5-1-3. 昇進に対する介護リーダー職の認識

技術や経験の蓄積が困難な中で、介護リーダー職にある者は介護現場を取り仕切る役割が得られた理由は何なのか。介護リーダー職にある者で自分が介護リーダーに選ばれた理由で最も多かった回答は、「組織管理者･責任者個人の独断な選考」によるものである。これは有効回答（n = 982）の44%にあたる。次いで多かったのが、「経験年数等の年功序列」の24%であった。また、「組織に選考要件があり組織レベルで選

【図5-4】介護リーダーに選ばれた経緯

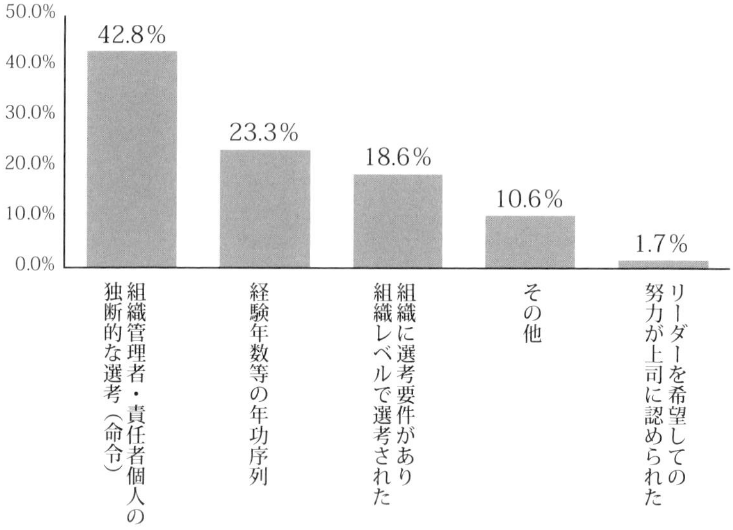

（複数回答であるため、有効回答総数1013を母数として算出）

考された」は19%、「リーダーを希望しての努力が上司に認められた」が1.7%であった。

介護リーダー職がこのような認識を持つ背景には、いくつかの理由があると推測されるが、ここでは以下の三点を指摘しておく。

(1) 施設内基準や指針がないこと

(2) 自身の自己認識・評価の低さ

(3) 経営参加の認識不足

第一には、施設内の基準・指針の欠如である。体系立った能力評価・昇進基準がないため、介護職のリーダー職への昇進は一貫性を欠いている部分があるといえよう。このような状況では、松井が指摘するように、「特に年齢が若く、職場経験の少ない者は、事前に準備する機会が与えられないままリーダーの仕事を任され、負担と不安に押しつぶされそうになる(2)」といった、介護リーダー職へのストレスとなる。

第二には、介護職は自己評価が低いというメンタリティがあるということである。自分がリーダー職として選ばれた理由として「組織管理者・責任者個人の独断な選考」が最多となっていることから、自らのスキルを正当に評価されたという認識は低いようである。あくまで組織管理者、責任者に主体性があり、自らはその決定に従うのみであるといった、受動的な態度、メンタリティがうかがえる。

第三には、第二に指摘した点と関連して、組織管理者や責任者の決定を、自らとは無関係の、「独断」というように位置づけ、現場で働く介護職と管理者・責任者の意思を分断して考える傾向がある。介護職の多くは、現場で起きた問題解決にのみに注力し、それらの問題が経営的にどのような意味があるのか、影響を持つのかについて考えることが少ない。このような経営参加の認識不足が指摘できよう。

5-1-4. 介護リーダー職が志向するキャリアパス

介護リーダー職がどのような将来設計を描いるのかを検討する。

介護リーダー職が任されている業務は、シフト作成（調整）、ケアプラン作成（施設、訪問、ケアプランの管理）、サービス担当者会議等の各種会議への出席、介護職員の育成（新人教育）、研究会の企画、物品の発注業務、苦情対応、書類作成等のデスクワーク、新規契約、実習生受け入れ（指導[3]）であった。介護リーダー職は直接利用者へサービスを提供するといった業務以外の支援的業務が増大するといえる。

5-1-5. 介護リーダー職の将来設計

以上みたような、介護職が置かれた状況下、入職当時に描いていた業務が変化することにより戸惑いを感じている一面がうかがえる。介護

【図 5-5】将来設計

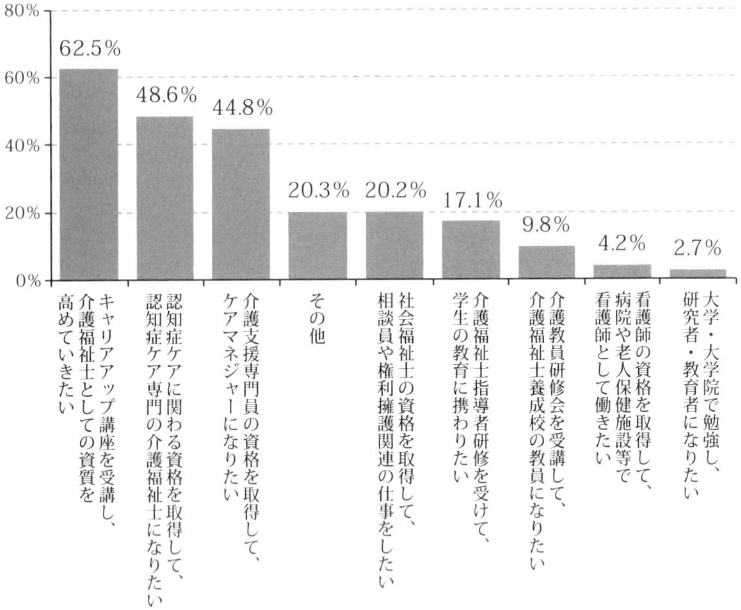

リーダー職の将来設計として、最も高い回答（複数回答、n ＝ 1013）は、「キャリアアップ講座を受講し、介護福祉士としての資質を高めていきたい」634 名（全体割合 62.59%）であった。次いで「認知症ケアに関わる資格を取得して、認知症ケア専門の介護福祉士になりたい」493 名（同 48.67%）と「介護支援専門員の資格を取得してケアマネージャーになりたい」454 名（同 44.82%）が多く、約 4 割強が回答した。他の選択肢の回答割合は低かった。

介護リーダー職は、自らの専門性を高めると共に資格取得によるスキルアップを図りたいと考えている。介護リーダー職の役割の重要性を考えると、今後はリーダーに必要な人材育成方法や人材管理をはじめとする介護管理を系統立てて学んでいくことができる教育開発を進めることが必要である。今後、介護職としてキャリアパスを構築していくための課題として、介護職としての専門性を高めるために介護リーダー職の役割と求められるスキルを明確にすること、そのためにも体系的な人材養成をしていくことが重要な課題であり、リーダー層の養成のみならず、介護職という枠組みの中でキャリアを蓄積し習熟していく重要性とあり方が示唆される。

5-1-6. 介護リーダー職として求められるスキル

介護リーダー職に求められるスキルとはどういったものなのか。介護職の習熟度とは、職場を見渡すことができる広い視野を持つこと、施設の理念を具現化する方法を考えられること、それに伴う介護目標設定と質の高いケアの提供、部下の教育的指導（育成）がある。

介護職の習熟過程をみるときに、ドレイファスモデル[4]を看護へ適用したベナー（Patricia Benner）の理論は一つの視座となる。ベナーはStuart Dreyfus & Hubert Dreyfusが技術の習得や上達において五つのレベルがあることを明らかにしたものを看護へと応用した。それは、初心者、新人、一人前、中堅、達人である。ベナーの臨床現場の実践に根差した理論は、わが国の看護職のキャリアパスにも活用されており、介護職の育成にもこの理論を試みる価値がある。

初心者（Novice）：初心者は、状況について経験がないので、そこでどのようにふるまうことが期待されているのかがわからない。初心者の原則論に則った行動はかなり限定され、柔軟性がない。そうした困難さの中心をなすのは、初心者がその状況に直面した経験がないために、彼女らの実践を導く原則を与えなければならないということである[5]（ドレイファスモデルでいう、ルールに沿った仕事はできるが、想定外のことに対してはパニックとなり対処できない段階）。

新人（Advanced Beginner）：新人では、あるところまでのレベルは実践可能となり、現実の状況に対応して、ドレイファスモデルでいうところの〝状況の局面〟で、繰り返しおこり、しかも意味のある状況的要素に注目する（もしくは指導者にそれらを指摘してもらう[6]）。患者へのケアには、少なくとも技術と実践は一応のレベルに達しているナースのバックアップが必要である。新人ナースは、まだ、何が重要であるかを整理することができないので、重要な患者のニーズを見落とすことのないようにしなければならない[7]。すなわち、コンテクスト・フリーである（ドレイファスモデルでは、全体的な理解はしておらず、ルールに沿った仕事ができる段階）。

一人前（Competent）：状況依存（コンテクスト・デペンデント）の要素を加えた規則に従うスキルである。一人前とは、同じ状況もしくは、類似した状況で２～３年仕事をしているナースによって代表される。この段階は、長期的目標や計画を立てて意識的に自分の活動を行うようになるところである。その計画では、現在および予測される将来の状況でどの属性や局面が最も重要なのか、あるいは無視できるのかがはっきりしている。一人前のナースは、中堅ナースのようなスピードや柔軟性には欠けるが看護の場面での統率力はあるし、多くの偶発的な出来事に対処し、管理する能力はもっている[8]（ドレイファスモデルでいう、基本を発展させ問題解決ができるようになる段階）。

中堅（Proficient）：中堅ナースに特徴的なことは、状況を部分的というよりも全体としてとらえるということである。そして、実践は、格率によって導かれる。知覚するということが、ここでのキーワードである。ものの見方は思考によるものではなく、経験や最近の出来事に根差した〝現在そこにあるもの〟である。中堅ナースは、状況をまるごと理解する。なぜなら彼らは長期的目標にたってその意味を知覚するからである。中堅ナースは経験に基づいて全体状況を認識するので、いまや予測される正常な像が出現しなくとも、認識することができる。こうした全体的な理解は中堅ナースの意思決定を高めていく[9]（ドレスファスモデルでは、リフレクションとフィードバックを活用し、自らの取り組みを修正でき、問題解決ができるようになる段階）。

達人（Expert）：達人の実践家は、状況を理解して適切な行動と結びつけていく際に、もはや分析的な原則（ルール、ガイドライン、格率）には頼らない。達人ナースは、背後に豊富な経験があるので、かなりの範囲の実りの少ない二者択一的診断や決定について、不経済な選択をせずに、いまは状況を直感的に把握し、問題領域に正確に狙いを定める[10]。（ドレイファスモデルでは、膨大な経験と知識に裏打ちされた情報を基に直感で行動できる段階）

ベナーの五段階のモデルでみると、状況依存をせずに、状況を全体で認識し実践につなげられる意思決定が可能なレベルである中堅以上が介護リーダー職に求められる習熟度に該当すると考えられる。介護リーダー職に登用する際は個々の職員がどのレベルに到達しているのかを見極め、次のレベルへの目標に明確にし、育成していくことが求められる。

5-2. 専門職として発展するためには

5-2-1. 専門職と準（半）専門職の概念

介護職は急激な人口の高齢化に伴い介護サービスを求める利用者が増

加する中で家族も支える存在である。また、介護職は公費が投入された介護保険制度によりその職務を果たし、高い社会的使命を帯びていることから専門職であると考える。そこで専門職の概念について確認する。

専門職と準（半）専門職に関する理論研究はこれまで様々な成果が報告されてきた[11]。Vollmer ans Mills（1966）、Goode（1957）、Wirensky（1964）らによる専門職の定義、特性は以下の通りである。

1）専門職には、長期の訓練・教育を通し高度に体系化・理論化された知識・技術（rational body of knowledge）を身につけることが必要とされる。

2）その職業集団の成員には、国家または団体による資格認定が必要とされる。

3）職業集団自体の組織化と組織維持のため、成員には一定の行為準則が必要とされる。

4）職務を遂行する際には、営利を目的とするのではなく愛他的動機に従って公共の利益を目的（service ideal）とすることが必要とされる。

5）高度な知識・技術を占有し、それに基づいて公共的な利益を志向する役割が義務づけられる結果として高度の自律性（autonomy）や社会的権限が付与される[12]。

古典的もしくは伝統的な専門職とされるのが医師、弁護士、宗教家である。Freidson（1970）は上記以外の点についても指摘しており、「ある職業集団が特権的な法的・政治的地位を保持することにより職業集団は、より一層の職務に関しての自己裁量権をもつことになり、当該職務内容・遂行に関して、他の職種から干渉そして侵害を受けなくなる[13]」と指摘している。このことからも、現代社会においても専門職は社会のあらゆる面で社会的影響力を持っていることが分かる[14]。それは上記にあるような高度な知識と技術を持ち、かつ入職することが困難で高い公共性と倫理性を持っているからである。

時井（2002）はわが国における専門職の概念の動向について、以下のように分析している。

a）確立された専門職概念を継承する見解
b）上記概念のうちより中核的特質的要素を析出し再規定する見解
　①愛他的倫理および集合サービス的志向を排除する立場
　②愛他的倫理および集合サービス的志向の内実としての意味の展開を考慮する立場
　③ヒューマン・サービス・イデオロギー的志向を基本とする立場[15]

Vollmer and Mills（1966）、Goode（1957）、Wirensky（1964）らは「専門職として成立するための要件」に重点を置いているが、わが国の専門職研究では「職業としての志向・立場・職務姿勢」に重点を置いている。前者が専門職システムのハード的側面を示しているのに対し、後者はソフト的側面を示したものである。専門職としての介護職のあり方を議論する際には、専門職のハード的側面のみならず、ソフト的な側面も検討することが有効であろう。

さらに、専門職と類似した概念に「準（半）専門職」がある。天野（1972）は看護師[16]を事例として準（半）専門職という概念について検討した。そこで、天野（1972）は準（半）専門職を以下のように定義した。

①被雇用者（salaried employee）である点

②「完全専門職」が主として男性の職業であるのに対して、半専門職は、女性に占有される職業である点

③半専門職のサービス提供における志向（service orientation）は、

「知性」(mind) ではなく、「感性」(heart) にその基礎をおく点

④②、③の特性から当然の帰結として、教育訓練期間は短く (通常中等教育修了後2～4年)、職務遂行の基礎として学ぶ知識の科学としての体系化が十分ではない点

⑤被雇用者としての半専門職の結成する団体 (professional association) は、労働組合的機能が強く要求され、遂行する点[17]

5-2-2. 専門職と準 (半) 専門職の概念から見た介護職

専門職と準 (半) 専門職の概念から、介護職の中でも介護福祉士を例にとって議論する。介護福祉士は1987年に社会福祉士及び介護福祉士法が成立したことにより社会福祉士と共に誕生した名称独占の国家資格である。介護福祉士となるためには大学や専門学校といった養成機関を経る場合と、3年以上実務経験を積んでから国家試験を受験する方法とがある[18]。長きにわたり、介護は誰にでもできる仕事であるかのような評価を受けてきた。事実、政府の言う「介護のイノベーション」という言葉は失業者やフリーターを人材の不足する介護業界へと積極的に雇用するという意味で使われてきた。

これまでは、介護職の専門性や職業的評価について、介護職の地位向上のために、これまで多くの議論や研究がされてきている事実を踏まえ、専門職、準 (半) 専門職の概念に照らし合わせて検討してみる。

まず、介護職を専門職として成立させるための教育の要件は、大学レベルでの教育が実施されている一方で、実務経験で資格を取得できるという非専門職的側面も共存している。よって、部分的に専門職の段階にあるといっていいだろう。厳密に言えば、専門職としての介護職というモデルがある一方で、専門職とは言えないモデルも併存しているということである。

　次に、介護職の資格は業務独占とまでは至っていないが、国家資格として整備されている。専門職としての倫理規定についても、日本介護福祉士会が定めている。介護福祉士の倫理綱領は前文と7項目によって定められており、専門職としてのガイドラインを定めている。このことから、業務独占ができていないという意味では介護職は、専門職としては不十分な制度的位置づけにあるといえよう。

　ただし、倫理規定を定めるなど専門職化への意図は持っていることがうかがわれることから、今後の専門職化の過程で業務独占などの要件を満たす可能性も否定できない。

【表6-1】日本介護福祉士会　倫理綱領

〈前文〉

　私たち介護福祉士は介護福祉ニーズを有するすべての人々が、住み慣れた地域において安心して老いることができ、そして暮らし続けていくことのできる社会の実現を願っています。

　そのため、私たち日本介護福祉士会は、一人ひとりの心豊かな暮らしを支える介護福祉の専門職として、ここに倫理綱領を定め、自らの専門的知識・技術及び倫理的自覚を持って最善の介護福祉サービスの提供に努めます。

〈利用者本位、自立支援〉

1. 介護福祉士は、すべての人々の基本的人権を擁護し、一人ひとりの住民が心豊かな暮らしと老後が送れるように利用者本位の立場から自己決定を最大限尊重し、自立に向けた介護福祉サービスを提供していきます。

〈専門的サービスの提供〉

2. 介護福祉士は、常に専門的知識・技術の研鑽に励むとともに、豊かな感性と的確な判断力を培い、深い洞察力をもって専門的サービスの提供に努めます。

また、介護福祉士は、介護福祉サービスの質的向上に努め、自己の実施した介護福祉サービスについては、常に専門職としての責任を負います。

〈プライバシーの保護〉

3. 介護福祉士は、プライバシーを保護するため、職務上知り得た個人の情報を守ります。

〈総合的サービスの提供と積極的な連携、協力〉

4. 介護福祉士は、利用者に最適なサービスを総合的に提供していくため、福祉、医療、保健その他に関連する業務に従事する者と積極的な連携を図り、協力して行動します。

〈利用者ニーズの代弁〉

5. 介護福祉士は、暮らしを支える視点から利用者の真のニーズを受け止め、それを代弁していくことも重要な役割であると確認したうえで、考え、行動します。

〈地域福祉の推進〉

6. 介護福祉士は、地域において生じる介護問題を解決していくために、専門職として常に積極的な態度で住民と接し、介護問題に対する深い理解が得られるよう努めるとともに、その介護力の強化に協力していきます。

〈後継者の育成〉

7. 介護福祉士は、すべての人々が将来にわたり安心して質の高い介護受ける権利を享受できるよう、介護福祉士に関する教育水準と後継者の育成に力を注ぎます。

引用）福祉臨床シリーズ編集委員会編（2007）p.33

さらに、専門職としての公共性について検討する。介護福祉士が担う職務は高齢社会が深刻化しているわが国において社会的要請があり公益性・公共性が高いといえよう。2000年4月から介護保険制度がスタートし、その運営財源の半分は国・自治体が負担している。このことからも介護職が担う介護サービスは、実質的に、公的な使命を持ったパブリックなものとして位置づけられよう。この点で介護職はわが国の社会的要請を背景にした、需要主導の新興専門職的な側面を強く持っている。

次に、準（半）専門職の概念から検討する。

介護福祉士に限らず、介護職全般にいえることは、女性が多く占める職業である。介護職は独立して介護福祉士として活動するというよりも社会福祉法人や民間企業に雇用される存在である。

サービス提供における志向として、介護福祉士は根拠に基づいて作成された個別介護計画書に沿ってケアを提供していることから、感性により職務を遂行しているとは限らない。また、介護福祉士は養成に1,800時間をかけている。職能団体要件では、日本介護福祉士会や日本ホームヘルパー協会等の活動は労働組合の要素を含んでいる。

これらのことを踏まえ、

①介護職は在宅の場合、ホームヘルパーはパートタイム雇用が多く占め、施設介護の場合は正規職員の割合が多い（非雇用者が多い[(19)]）。

②男性が増加の傾向にあるが女性中心の職場である[(20)]。

③統一的団体の結成要件では、医師は日本医師会、弁護士は日本弁護士連合会、看護職は日本看護協会と統一団体を有しているが、介護職はホームヘルパーには日本ホームヘルパー協会、介護福祉士には日本介護福祉士会といったようにそれぞれが別個な団体があり存在している。

④高等教育の実現については、医師は大学（医学部）を卒業しなければならない。弁護士は新司法試験制度により法科大学院を修了すること

が基本となった。看護教育、介護福祉教育も大学教育が整備されてきているが多様な教育機関（専門学校、短期大学等）があり、一本化されていない状況にある。

教育訓練の長さも高等教育の実現と関連しており、医師は6年間大学教育、弁護士は既修者で学部4年＋法科大学院2年（未修者は3年）に比較して、看護師養成教育や介護福祉士養成教育は短期間となっている。

⑤国家資格制度の整備については、医師は「医師法」、弁護士は「弁護士法」、看護職は「保健師助産師看護師法」により業務独占の国家資格となっている。介護福祉士は名称独占の国家資格である。

⑥職業志向（知性）は、医師や弁護士は専門知識を生かした独自の領域がある。対人援助職として医師や弁護士にとっても感性は重要なキーワードであるが、介護職（介護福祉士）は独自の専門領域を持っている。介護とは、利他的・奉仕的精神が強く求められ（田尾、久保、1996、天野、1982）、思いやりや配慮などが欠かせず、仕事として「感情」を酷使しなければならない労働である（Smith, 2000）。加えて、ケアの本質として「やさしさ」や「こまやかさ」など情緒的要素が職業の基本的な性格であり、専門性としても強調されている（天野、1982[21]）等の研究が示すように、客観性（知性）に比較し主観的要因（優しさ、思いやりなどの感性）が重視される側面を持つ。

これらのことを総合すると、介護福祉士（介護職）は厳密な定義における専門職とはいえずとも、準（半）専門職としての側面を有しているといえよう。

介護福祉士（介護職）の専門職としての要件を概観し確固たる専門職組織として社会から評価されるためには、介護の専門性（介護家庭の展開）そのものが可視化しにくいという性質を持っていることや、介護技術が高度なモノを介して行われていないことから、誰にでもやれそうな技術として低い評価を得やすいという状況を覚知し、自らが専門性の高い実践を、研究等を通じて言語化していくことが課題である。

このような課題を含有する状況下で、介護職の専門性を一層高めるためにはどのような在り方を考えらえるかを、次では介護福祉士を中心に介護職のキャリアの在り方という視点で検討を加える。

5-3. 高度専門職化

5-3-1. キャリア

介護職が高度な専門職へと発展するためのキーワードとして、「キャリア」が挙げられる。小野（2003）はキャリアとは「一般的には、生涯を通じた（働く）人々の職務経歴をさす定義やBirdの『技能、専門性、そして関係のネットワークに内包される情報や知識の蓄積が労働経験の発展する連続を通じて獲得されるプロセス』という定義が受け入れられやすい[22]」と述べている。ここでの職業的キャリアを積む、という意味は小野の概念が適切である。

キャリアという言葉には多様な意味が含まれており、その本質を理解するには、キャリアという言葉に対する概念をとらえておく必要がある。

キャリアに関する研究の視点として以下の三つを指摘できる。

第一には、人生のステージ、ライフサイクル論という、人間としての発達や成長あるいは人生そのものにおける経験や場面に関する視点である。

第二には、人生の各ステージにおいて職業的経験からキャリアを積むという視点である。

第三には、職業集団において積み重ねてきた経験や知識、能力等、仕事に関連する職業経験や職業生活として人生のキャリア積み重ねていく視点である。

それぞれの論者の代表的な研究をみると、第一の視点としてはErikoson（1963）のライフサイクル論である。Erikson は、人間の生涯を八つのステージ（発達段階）に分類して概観した。第1段階：乳児期、第2段階:幼児期、第3段階:児童期、第4段階:学童期、第5段階:青年期、第6段階：成人期、第7段階：壮年期、第8段階：老人期と分類した。Erikson が分類した八段階はそれぞれの時期に課題があり、かつそれを達成されるべきものがあり、同時に危機も存在するという考え方をとっている。

第二の視点に立つ Schein（1978）はキャリアとは職業生活を送るために人生のステージの各場面を通じた段階から理論的説明を行った。ここでは人間の成長を時間軸として八段階の場面を設定しており、各段階で職業生活に対する課題を提示している。

第1段階：成長、空想、探求の段階（0～21歳）

適切な教育・訓練を受け仕事に必要な基本的習慣や技術を開発する時期であるが、自分の欲求や能力についての発見や、そのための役割モデルや情報を得るための課題がある。

第2段階：仕事へのエントリーおよび基本訓練段階（16～25歳）

この時期は就業し、組織の一員になる新人としての時期と、正規の貢献メンバーとして基礎訓練を積む初心者としての時期である。職務や組織の情報を学び、上司や先輩たちとうまくやっていくという課題を持つ。

第3段階：初期キャリアの段階（17～30歳）

初期の正社員資格を持つ。組織との相互発見の時。継続的な施行と職務体験のなかから次第に自己概念を開発していく。部下としての身分を受け入れ、上司や同僚とうまくやる方法を学ぶ。また、良き助言者や支援者を見つけるという課題を持つ。

第４段階：中期キャリアの段階（25～45歳）

在職権を得たメンバーとなる段階。専門を選び、それに磨きをかける。組織の中でアイデンティティを確立し、自分自身のみならず他者も含めた高度の責任を引き受ける。家庭・自己・仕事という三つの領域を調和させ、将来的なキャリア計画を立てる課題を持つ。

第５段階：中期キャリアの危機段階（35～45歳）

自分の抱負に照らして自分の歩みの再評価を行い、現状維持か、キャリアを変えるか、あるいは新たな仕事に進むか決定する時期。自分の生活とキャリア間の葛藤が生じ、その解消に立ち向かう。自分のキャリア・アンカーを知り評価する課題を持つ。

第６段階：後期キャリアの段階（40歳から引退まで）

組織のメンター的役割を担う。技術ないし職能のキャリアを追求する場合は技術を深め、管理者としての役割を追求する場合はより広範な責任を引き受け、現状維持で仕事以外のことに成長を求める場合は仕事での影響力と手ごたえの減少を受け入れることとなる。

第７段階：衰えおよび離脱の段階（40歳から引退まで）

衰えの始まる年齢は人によって異なる。権力、責任および組織の中心性の低下を受け入れる段階。仕事が主ではない生活を送れるようになり、新たな満足源をどのように見つけるかが課題となる。

第８段階：引退の段階

常勤の仕事や組織での役割を持たずにアイデンティティと自尊の意識をどのように保持するかが課題となる。[(23)]

このようにScheinの理論は各人生のステージにおいて職業を通じた

役割と課題が示されている。特に第3段階以降は人生のステージを進めることに伴って職業集団での位置づけが与える影響が大きくなっていくことから、ステージごとに職業的役割と経験、知識などを積んでいくことの重要性を示唆したものとなっている。

第三の視点に立つのがSuper（1957）の職業的発達過程からみた理論である。Superはキャリアについて職業生活を通じたライフコースとして職業的発達理論を論じた。その内容とは、一人ひとりの職業的自己実現過程としてキャリア発達を五段階でとらえたものである。

第1段階：成長段階（growth stage）0～14歳

家庭や学校での経験を通して、仕事に関する欲求が高まり、職業の世界に関心を寄せる。

第2段階：探索段階（exploratory stage）15～24歳

学校教育やレジャー活動、アルバイト、就職、転職などから、試行錯誤を伴う現実的な探索行動を通じて職業が選択される時期。

第3段階：試行期を経た確立段階（establishment stage）25～44歳

試行期はキャリアの初期として位置づけられ、現実の仕事を通じて自分の適性や能力に対し試行錯誤を繰り返す。その試行錯誤の後、自己の職業的専門性は高まり、ある職歴を確立し、安定、昇進する。

第4段階：維持段階（maintenance stage）：45～64歳

自分のキャリアをすでに確立し、安定志向が高まり、リスクを避け、今の状態を維持していこうとする時期。キャリアに成功したものは結実と自己実現の段階となる。この時期に適職を得られなかった者は、欲求阻止の段階となる。

第5段階：下降段階（decline stage）65歳以上

精神的にも肉体的にも職業生活から離れる時期。帰属する場を失う不安や恐怖から逃れるためにも新しい役割を開発すべき時期[24]。

Super は年齢を重ねるごとにその人生のステージで求められる職業的キャリアを示している。つまり、職業的関心が高まるに伴いそこで経験を積み重ねることでライフコースの充実と発展することについて論じている。

そして、Arnold（2001）は職業のキャリア（あるいは経験）の蓄積に関する定義を下記のように提示している[25]。

・人生を通してある人によって占められる一連の地位
・いくつかの意味のあるパターンに当てはまる一連の職務に関連した経験
・長期の役割に関連した経験の継続や蓄積
・ある人が仕事人生を通してたずさわった一連の職務
・相互に関連する訓練や仕事経験によって特徴づけられ、そして、経済的な報酬の増加を提供する職業
・長期にわたる仕事経験の発展的な連続を通して獲得された技能、専門性、関係のネットワークを具現化する情報や知識の蓄積

このようにいくつかの代表的な研究成果を確認してきたが、キャリアとは多様な意味での概念が論じられており、職業と人生のステージ・ライフコースが密接に関係し不可分な関係であることがわかる。介護職は、構成される属性の傾向として20代や30代を中心とした若い世代と子育てを終えた中高年の女性が多く占める職業である。それぞれの人生のステージが異なっている中で、職業として仕事の中での役割を分担し、専門性を高めるためにも目的と役割を明確にしたキャリアのあり方を考えていく必要がある。

そこで、この後に現状の介護職の資格制度の問題点を確認し、厚生労

働省が考えるキャリアパスについて検討する。そして、海外の事例として職務評価基準が明確なオーストラリアの看護制度について確認を行い、今後、わが国の介護職が新たな専門職としての方向性をどのように考えていけばよいのかを導き出す。

5-3-2. 資格制度

わが国の介護職制度は任用資格のホームヘルパー（1～3級）と国家資格である介護福祉士の資格がある。また、関連する資格には国家資格の社会福祉士、精神保健福祉士、都道府県知事資格の介護支援専門員などがある。

ホームヘルパーは1～3級までの段階研修となっているが、現在3級の研修は介護保険制度で機能しないため休止状態となっている。なお、各級の目的は3級が家事援助（50時間）。2級は、介護保険制度の中で訪問介護員に位置づけられており、養成研修の中核をなしている（130時間）。1級は介護保険制度でサービス提供責任者に位置づけられている。いずれも所定の講習会を修了することで資格が得られる（230時間）。一方、国家資格である介護福祉士は、実務3年以上の経験を基に介護福祉士となる方法や福祉系高等学校を経てなる方法、二年制専門学校・短期大学・大学の養成校を経る方法など複数のルートがあり、介護福祉士という名称だけでは、介護福祉学を体系だって学んできたのか否かが一般の人向けには可視化できない。

根拠に基づく「介護過程の展開」こそが、介護福祉士の専門性の一つであると言えるが、現場経験から介護福祉士となった者は、この学習課程を踏んでいないという大きな課題を残している。介護職の継続研修については、各事業所は内部研修に力を注いでいるところではあるが、研修体制や研修内容についてのばらつきが大きい。外部研修も都道府県レベルや業界団体等で用意はされているが、所属する事業所の体制や個々の介護職の関心等に左右されやすい。後述するオーストラリアの看護制度はグレードにより、どのようなことができるかが明確に示されている。

また、グレードによって賃金（待遇）やポジションが決定される仕組みとなっていることも特徴の一つである。このように介護職の職務評価を国や業界として定めることでライフステージの中で介護職からコースアウトする時期があったとしても、復職時に自分のグレードに見合った仕事とマッチングさせることができ、転職する際にも雇用者・被雇用者双方にとって何ができるのかが可視化される。

5-3-3. オーストラリアの看護師制度

わが国の場合、1995年に日本看護協会は専門看護師制度を創設した。専門看護師とは、日本国の保健師、助産師及び看護師のいずれかの免許を有した者で日本看護協会が定めた認定試験[26]に合格し、困難かつ複雑な身体的問題を抱えた者に対して特定の専門分野の知識や技術を有した看護実践能力を持った看護師を意味する。その役割とは実践、相談、調整、倫理調整、教育、研究である。

高度な専門職として位置づけられた専門看護師制度は創設されてからまだ15年ほどしか経過しておらず、全国の病院に配置されるまでには至っていない[27]。「今後、看護職だけでなく医師も含めた病院全体での専門看護師の活用システム作りを進めることが、専門看護師の効果的活用を促すために重要[28]」である。臨床では専門看護師の配置と医療報酬が必ずしもリンクしておらず、役職や待遇といった人事評価にもつながりにくいという問題は解決されていない。

そこで、介護職のキャリアパスを考える上で職務評価を行っている看護師制度を持つ国を概観する。海外の事例を調べると、オーストラリアのグレード制（職務評価）が当てはまる。山本（2002）によると、オーストラリアは看護師と准看護師は教育制度のほか役割や業務内容、就業先まで明確な役割分担があるという。看護教育制度は各州が独立した権限を持っており、それぞれの州が独自の看護法と規則を定めており、内容は異なっている。オーストラリアにおける看護師の基礎教育は、1976年に大学に看護学科が設置されて以降高等教育機関での養成が拡大した。1993年からはこれまで病院附属で行われていた看護師養成制度を中止し、大学（三年制）に一本化された。日本では、看護師の資格を得るには国家試験を受験し合格しなければならないが、オーストラリアでは免許取得のための国家試験はない代わりにオーストラリア看護協会が定める看護師の能力基準の規定をクリアすることが求められる。

また、准看護師は1年間のcollegeでの教育を受ける。卒業後は州政府の試験に合格することで准看護師として登録された後に勤務することができる（大学の編入によって看護師へと移行することも可能である）。准看護師は「『看護師の指示のもと』で働くことが規定されており、指示系統が一本化されており、看護師と准看護師の業務範囲についても明瞭に規定されている（静脈注射、投薬、導尿、チューブ挿入はできないなど）ことから、病院に勤務する准看護師は少数であり、多くはナーシングホームやホステルに勤務している[29]」という。

卒後教育については、看護師は大学看護学科（三年制）（Bachelor of Nursing）から病院での卒後研修コース（Hospital Glad.Course）を経て、大学の卒後コースか病院での卒後コースの二つが設定されている。大学の卒後コースは、公共衛生看護学―1年（Community Health Nursing）、老人看護学―1年（Gerontic Nursing）、乳幼児衛生看護学―1年（Maternal Health Nursing）、上級精神専門看護学―1年（Advansed Psychiatric Nursing）、看護教育―2年（Nursing Education）、

【表 5-2】オーストラリアの看護師昇進制度

グレード	昇進内容
グレード 1	卒後 1 年目
グレード 2	卒後 2 年以上、6 年目まで毎年昇給される。訪問看護婦のレベル―1 と赤十字血液銀行看護婦は 4 年目とされ、スクールナースは 5 年目とされる
グレード 3A	中小規模の病院の副看護部長、2 年目まで昇給される。訪問看護婦レベル―2、職業（産業）看護婦、託児所ディレクター（25 人までの乳幼児）
グレード 3B	大病院の看護部長、クリニカルナーススペシャリスト―A（臨床専門看護師）、コミュニティヘルスナース、託児所ディレクター（26 ～ 44 児）、職業看護部長、スクールナースレベル―2
グレード 4A	中小規模の看護部長と看護教師、コミュニティヘルスナース、託児所ディレクター（45 児以上）、王立訪問看護協会副部長とクリニカルコーディネーター（専門看護コーディネーター）、病院附属の訪問看護婦副部長、キャンパスナース（大学）
グレード 4B	大病院の看護部長と看護教師、赤十字血液銀行看護部長、コミュニティヘルスナース部長、乳幼児ヘルスナース
グレード 5	病院のベッド数によって給料が少しずつ違う、看護アシスタントディレクター（副総師長）、夜勤ナース部長、クリニカルナーススペシャリスト―B、看護教師副主任、王立訪問看護協会看護部長と看護教師
グレード 6	病院のベッド数によって違う、看護副ディレクター、看護教師主任、赤十字血液銀行看護副ディレクター、クリニカルナーススペシャリスト―C
グレード 7	病院のベッド数によって違う、看護ディレクター（総師長）、赤十字血液ディレクター、クリニカルナーススペシャリスト―D

出典）社団法人日本看護協会「先駆的保健活動交流推進事業　海外保健調査　高齢者への質の高いケアをめざして――オーストラリアの高齢者ケア改革」

管理学―２年（Management）がある。

病院での卒後コースは、助産看護―１年（Midwifert Nursing）、手術看護―１年（Operating Theatre Nursing）、麻酔／リカバリー室看護―１年（Anaesthetic/Recovery Nursing）、集中治療看護―１年（Critical Care Nursing）、未熟児新生児集中治療看護―１年（Neonatal Care Nursing）、ターミナルケア看護―６カ月（Terminal/Palliative Care Nursing）、小児看護―１年（Paediatric Nursing）、脊椎損傷者看護―１年（Spinal Injury Nursing）がある。

また、オーストラリアでは看護師の昇給制度が確立している。それは新卒１年目の「グレード1」から看護部長レベルの「グレード7」までの７段階ある。山本（2002）によるとグレードは、看護師経験、職場や病院の規模、役職、卒後教育による専門領域の認定資格の有無等によって決められており、州内において病院が変わった場合も同ポジションであれば報酬が変わらないとされる。

このようにわが国の看護制度やキャリアパスとは異なり、オーストラリアは看護師に対する卒後教育が整備され昇進制度は明確な階層が整備されている。看護師として求められるスキルは明確であることから昇進昇給といったキャリアパスを描くことは容易となっている。つまり、オーストラリアにおける看護制度の最大の特徴は現在のポジションであれば勤務先が変更になったとしても処遇や待遇が評価（維持）され、かつ看護師と准看護師の役割分担も明瞭であり、さらには卒後教育も制度として整備されているのでキャリアを積み重ねていくうえでも次にどのステップを歩むかということが明確であり専門性を高めやすい制度となっている。

5-3-4. 専門職としての新たな方向性

日本の専門看護師制度とオーストラリアの看護制度の事例を踏まえて、わが国の介護職のキャリアをどのように構築していくことが考えられるか。考えられるポイントは三点ある。一点目は、キャリアとして階層的なシステムを構築すること。オーストラリアの制度は明確な基準に基づいた階層制度を有しており、どこのポジションにいるのかによってスキル（知識・技術）を評価する指標となる。これは介護職関係者（介護労働者、介護事業者)、利用者からも介護サービスの質を判断する材料の一つとなる。わが国ではこれまで介護職に関して職業的な位置を測定する指標というものが存在しなかったので、階層的なシステムを導入することで自らの職種に対する位置を把握できる。

二点目は、働きながらキャリアを積めるようにすることである。介護職の専門性の一つに利用者のニーズの見極めと状態の判断というものがある。キャリアを積むための理想としてはOJTとOff-JTの両方をバランスよく組み合わせながらスキルを高めていくことであるが、実際に現場を長期間離れることは難しい。介護現場を長期間離れることで利用者との信頼関係を維持することや高齢ゆえに日々身体状況が変化するため、利用者の状況の把握することが難しくなる。そのためにもできる限り現場で働きながらキャリアを積めるようにするシステムを構築することが必要である。具体的には通算勤務年数をカウントすること、介護現場での専門分野を設定した上で選択した分野を専門領域の実務研修として一定期間学習すること、専門領域に関する講習と評価を実施し知識と技術の確認を行うことである。

三点目が、介護福祉士を介護現場における基本的な位置づけとして、各専門領域へ分化していくことである。介護職は介護福祉士とホームヘルパーという資格があるが、職業としての専門職化をより進めるためにも介護福祉士を基本的な資格として、専門性を向上させていく必要がある。例えば、認知症対応、医療的ケア、障害対応、リスクマネジメント等といったサービス中心の領域と新規入職者（新卒者）を育成する指導者、プリセプター、介護施設のマネジメントを専門的に行う介護事業経営といった領域である。それぞれの領域にグレードをつけていくのも一考である。つまり、専門看護師のように専門領域を特化した形で介護職も専門領域を設け、かつ、グレード制を導入することで職務ごとのスペシャリストを養成することが専門職化を進められる方法の一つである。

上述した専門職に関する議論では、Vollmer and Mills（1966）、Goode（1957）、Wirensky（1964）らによって挙げられた専門職の条件のうち、長期教育の実現と高度の自律性を持つという点が特に強化されると考える。

今後、介護業界内にとどまらず社会全体に対して介護の専門性を可視化された形で介護サービスを提供することが求められている。

5-3-5. 介護職とスキル

介護職の専門職化には、介護職領域の知識・技術の詳細化、高度化が必要である。そのためには、一人一人の介護職がスキルを向上させ、スキルを互いに高めあうことが望ましい。そもそも、スキルとは、「獲得した知識を実際の現場等で運用・応用すること（経験）で構築された能力・結果」である。よって、スキルが向上したという場合、「ある知識が獲得され、その知識を運用・応用する能力が向上した」ということである。よって、単に知識を学んだからといって、スキルが向上したとはいえない。反対に、経験年数が多いからと言って、それだけでスキルが向上しているともいえない。

【図 5-6】スキル、知識、経験

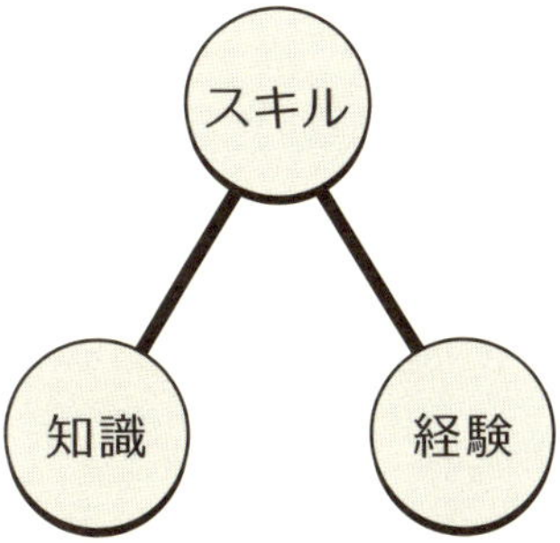

重要なことは、知識を運用、応用することで経験を積み重ね、ある知識を現場や社会の中でどのように運用するべきか、そのあり方を認識し、一定のレベルで再現できる状態がスキルの向上であるといえよう。

そして、習熟とは、スキルが向上したことを意味すると考えてよいだろう。

スキルは知識獲得と経験（知識運用）の発展度合いによって、いくつかのグレード（階層）が設定できるだろう。階層の設定をすることで、

(1) 自らのスキルの向上具合を認識・自己評価することができる

(2) スキルの対外的な表示が可能になる

(3) スキルに基づいた人事考課が可能となる

(4) 今後のスキル向上の方針を立てる手掛かりとなる

などの利点がある。

介護職が専門職としてより広く、より深い専門性、知識を持つようになると、習熟（スキル向上）をより詳細に表示する必要がある。

5-3-6. 介護職領域からの流出

介護職領域には習熟や経験の積み重ねで上位の資格を取得したり、グレードが上昇したり、スキル向上の評価・表示方法がないため、隣接職

領域の資格を取得し、流出することが多く見受けられる。

5-3-7. 介護職の習熟と介護専門分野、流出、隣接職領域

以上の概念整理を踏まえ、介護職の知識・技術の詳細化・高度化のためには、介護職のスキル向上に伴うグレード付けを行い、隣接職領域への流出を抑えることを図るべきである。そして、介護職の知識・技術の詳細化・高度化のために、グレードを複線的に設計し、「介護専門分野」（介護サービスの中でも、特に詳細化・高度化する必要がある分野を設定したもの）ごとにグレードを設けることが望ましい。

これによって、介護職領域の中で一貫した、介護サービスの専門家としてのスキルを向上が可能となるだろう。介護専門分野を設けることで、介護職の専門性をモジュールとして、それぞれ詳細化することができる。また、各介護専門分野が発展することで、全体としての介護職の専門性はさらに高度なものとして、社会的に認知されるレベルに到達

【図 5-7】隣接領域への流出とグレード

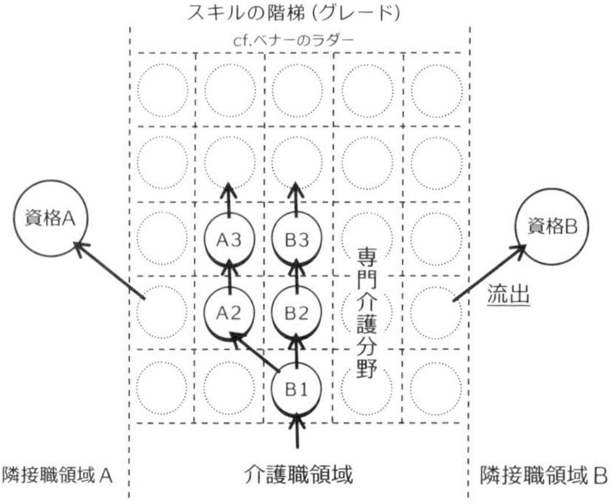

することができるだろう。

5-3-8. 高度専門職化における「連携」と「協働」

わが国の介護職はどのような形でより専門性を高めていけばよいのだろうか。今日、介護現場において最も重要なキーワードである他職種間連携に関する「連携」と「協働」である。高山（2004）は「連携（linkage）」と「協働（collaboration）」の違いについて以下のように述べている。「関与している各専門職・部門が独自の動きをとりながら相互に連絡を取りあっている状態を『連携』と、また関与している各専門職・部門が具体的な目標を共有している状態を『協働』である[30]」としている。他職種間連携を実現するためにも必要となるのが、チームケアに参加する者同士が利用者に対する介護サービス・介護に対する理念と概念の共有化、相互の専門用語を理解するという意味での言語の共通化、多角的なケアを実践するための目的の統一、利用者の身体状況やニーズ、動向を把握するための情報の共有、職務役割の位置づけに対する理解を行うことなどが必要である。

介護職の業務の特徴として、他職種に比較し、利用者と向き合う時間が圧倒的に多いことが挙げられる。例えば、認知症等で自分の思いを的確に表現できずにいる利用者に対し、日頃の観察から、彼らに思いを馳せ支持・擁護していくアドボカシーは介護者ならではの機能である。また、看取り介護の機会も多くみられるようになってきたが、積み上げてきた利用者との関係性の中で、残された時間をどのように充実して過ごしたいかを心の耳を傾け、日々の観察や経験から推測される利用者の思いを大切にした生活ができるように連携を含め、環境を整えていくことも介護者の役割である。このように、介護職の専門性である日常生活支援の中での「気づき」を適切な他職種に的確に伝えていくことは、利用者の生活と命を守るためにも重要である。気づく→心配する→思考する→判断し行動することが、他職種連携の中で介護職の果たす大きな役割である。そのためには、連携に必要なエビデンスに基づいた客観的な判断と必要な情報を的確に必要な職種に伝えていくことのできるコミュニケーション能力が求められるといえる。

連携能力を向上する方法として、医療者教育の場において活用されている少人数グループによるPBL（Problem Based Learning）を用いるという方法がある。PBLはこれまで行われてきたような知識を詰め込む方法ではなく、自己学習能力と問題解決能力の養成を目的としている。米林（2005）によると、PBLとは、

①自己学習能力の養成（学習者は物事の調べ方や学び方、データの集め方、得られた情報の吟味の仕方を身につける）

②問題解決能力の養成（提示された事例を理解していくために必要な学習課題を学習者が順番に解決していくプロセスを通じて、学習者は問題解決能力を身につけていく）

③クリティカル・シンキング（批判的検討）能力の養成（グループの中での討論を通じて、自分だけで見つけた、限られた狭い視点からの学習課題から、みんなで色々な角度から見ることによって得られるある程度網羅的な視点へと学習課題がブラッシュアップされ、批判的多角的に物事を考える能力が養成されていく）

④グループダイナミックスのスキルの付与（グループ討論を通じて、グループダイナミックスのスキルが確実に身に付く）

⑤臨床的推論スキルの付与（単なる医学知識が身に付くだけでなく、それらの知識を有機的に連携させた臨床的推論を展開する能力も同時に身に付く）

⑥疾病ではない病に対する理解とまなざし（単なる疾病に関する知識

を習い覚えるのではなく、病を持つ人間の事例を常に扱うことで、病に苦しむ人間に対する理解とまなざしが学習の過程を通して形成されていく）

⑦医療者としてのプロフェッショナリズムの付与（医療専門職としてのプロフェッショナリズムを十分に涵養していく[31]）

介護職は、これまでに学んできた知識や経験にさらに磨きをかけて問題解決能力を高めることも必要である。PBL を施設内研修や会議の中で活かしていくことで、米林の言う自己学習能力や解決の能力が高まる可能性がある。

5-3-9. 高度専門職化に向けたキャリアのあり方

厚生労働省「今後の介護人材養成の在り方に関する検討会」（以下、検討会）が指摘するように、資格取得後のキャリアパスに十分な仕組みがないことからプロフェッショナルとして発展する機会が乏しいということが挙げられる。介護の特徴として、守備範囲の広さがある。介護の対象は、高齢者や障害者（児）であるが、年齢層や介護を必要としている状況特性が多様であり、かつ、介護を提供する場も在宅から高齢・障害の施設と広範である。この守備範囲の広さに対応するための専門性を磨くことは極めて困難であり、介護が対象やその多様な生活障害、介護の場等の特性によって専門性を分化させるという方法が他の専門職の発展の歴史から見た一般的な考え方である。

介護の領域での介護職のキャリアパスには、介護領域と隣接領域である介護支援専門員や社会福祉士を取得することで「福祉職」の中で職務の幅を広げながらキャリアを上げていくキャリアパスの形もあるが、専門性を熟成させ発展させていくためのキャリアパスが求められている。

【図 5-8】今後の介護人材のキャリアパス

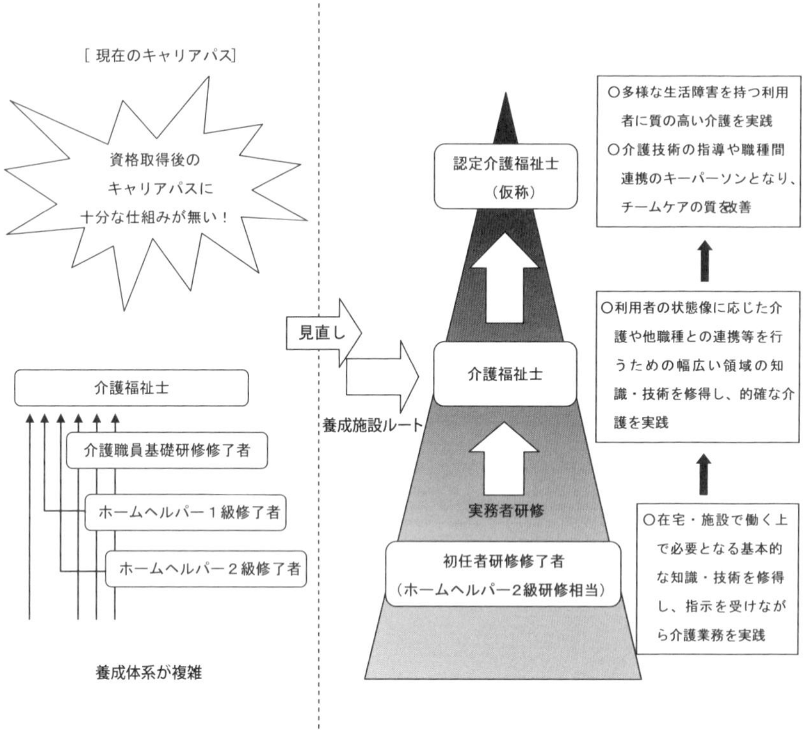

図 5-8 は「今後の介護人材の在り方に関する検討会報告書（2011 年 1 月）」が示した介護職のキャリアパスの方向づけである。今後、医行為の一部が介護福祉士及び介護職等の業務に拡大していくこと、利用者の望む多様な場での質の高い終末期介護の増加、増え続けていく認知症の利用者に対する介護理論や介護手法の開発等が求められており、専門分化することでそれぞれの特性を踏まえたエキスパートの養成をしていくことが必須である。

資格制度上の問題点としては、上述したように介護福祉士、ホームヘルパー、介護職員基礎研修があり、それぞれの養成体系が異なり、複雑になっている。今後の介護人材の在り方に関する検討会では、人材育成として、この課題を整理し、初任者研修修了者（ホームヘルパー２級研修相当）が実務研修を経て介護福祉士となり、認定介護福祉士（仮称）となるか、養成施設ルートで介護福祉士を取得後、認定介護福祉士（仮称）になるというキャリアパスを提案している。度重なる医療的成果政策、介護の社会化、社会構造の変化などにより、この10年間で介護職人口は爆発的に増加した。そして、ようやく政策的にも量から質への転換が施行されるようになった。この先の10年は、介護職の教育の在り方やキャリアに見合った社会的評価など、大きく様変わりしながら発展していくことが推測される。

介護福祉士の職業倫理の向上、介護に関する専門的教育及び研究を通して、その専門性を高め、介護福祉士の資質の向上と介護に関する知識・技術の普及を図り、国民の福祉の増進に寄与することを目的として、日本介護福祉士会は1994年に設立されており、同会の報告書によれば平成22年度の会員数は42,990人である。一方、平成22年度時点での介護福祉士登録数は898,429人となっており、介護福祉士の20人に１人しか職能団体に加入していないという実態があり、職能団体としての課題を残している。また、訪問介護員の資質向上と処遇改善を目指した日本ホームヘルパー協会も設立されており、職能団体として一本化していないという特徴を持っている。組織とは、人、プロセス、構造、戦略、ルールなどが複雑に絡み合ってできている。平井（2006）は、企業組織について「組織とは、そもそも自らを取り巻く環境と相互作用を行う開かれたシステムである」と述べている。これは職能団体においても適用できるだろう。「社会（会員）からヒト・モノ・カネといった資本を預かり、顧客（国民）に対して付加価値を提供する。そして適切な利益（質の高いサービス）を上げることで維持されるシステムである」。先を見通し（戦略能力）、素早く行動し変化させていく（卓越した遂行能力）ことが組織力であるとしている。職能団体としての組織が分散していることは、組織力（戦略、遂行能力）にも影響を与える。社会化された介護は、今やわが国の国民にとってライフラインの一つであり、介護職がこの期待にこたえていくためにも職能団体の在り方はキーワードの一つであろう。

［注］

（1）特別養護老人ホーム、介護老人保健施設、有料老人ホーム、訪問介護事業所など。

（2）松井（2011）p.75

（3）松井（2011）p.27

（4）ドレイファスモデルとは、1970年代のドレイファス兄弟による人間の技能の習得・極める過程についての研究結果である。研究対象は民間航空会社のパイロット、チェスの名人などのある分野の技術においてきわめて高いレベルの習熟度を示した人々とした。また、技能ごとに評価するため、個人の生来持つ特性・才能ではない。

（5）Benner（1992）p.15

（6）Benner（1992）p.16

（7）Benner（1992）p.18

（8）Benner（1992）pp.18-19

（9）Benner（1992）pp.19-20

（10）Benner（1992）p.22

（11）国内外を含めた専門職に関する代表的論者はVollmer and Mills（1966）、Goode（1957）、Wirensky（1964）、Freidson（1970）、天野（1972）、時井聰（2002）であろう。

（12）時井（2002）p.12

（13）時井（2002）p.14

（14）例えば、日本医師会や日本弁護士連合会は政治や司法に対して主張を政権に意見表明という形で行う圧力団体としての側面がある。宗教家はキリスト教や仏教、イスラム教のように信者のよりどころとなるものであり精神的レベルにおいて大きな影響を与えている。

（15）時井（2002）p.10

（16）天野（1972）は、看護婦と表記しているが、ここでは現在の表記に置き換える。

(17) 時井（2002）p.18

(18) 法改正により、養成機関出身でも国家試験受験が必須となった。

(19)「平成22年度版 介護労働の現状Ⅱ」p.14によると、訪問介護員（n = 3068）は「『正社員』が37.1%であったのに対し、『非正社員』が58.2%と多く」なっている。介護職員（n = 9128）は正社員が66.8%、非正社員が31%であった。

(20)「平成22年度版 介護労働の現状Ⅱ」p.51によると、訪問系（n = 4762）では男性が11.7%、女性が86.4%。施設系入所型（n = 5081）では、男性が023.9%、女性が74.8%。施設系通所型（n = 5059）では、男性が19.8%、女性が78.3%。全体（n = 20630）では男性18.5%、女性が79.6%と女性が過半数を占めている。

(21) 澤田（2008）p.27

(22) 小野（2003）p.3

(23) 平井（2009）pp.63-64

(24) 平井（2009）pp.62-63

(25) 小野公一（2003）p.4（出所）J.Arnold, "The psychology of careers in organizations" In C.Cooper and I.Robertson（Eds.）, Organizational Psychology and Development, John Wiley & Sons, Ltd., 2001, p.24

(26) 専門看護師となるプロセスは、保健師、助産師及び看護師のいずれかの免許を持った者が看護系大学院修士課程修了者で日本看護系大学協議会が定める専門看護師教育課程基準の所定の単位（総計26単位）を取得していること、実務研修が通算5年以上あり、うち3年間以上は専門看護分野の実務研修であり、このうち6カ月は修士課程修了後の実務経験であること。これを満たした後に認定審査（書類審査・筆記試験）があり、合格者には専門看護師認定証交付・登録がなされる。専門看護師となった者は5年ごとに更新（看護実践の実績、研修実績、研究業績等の書類審査）をすることになる。

(27) 日本看護協会によると、認定された10の専門分野に2011年1月1日現在で専門看護師として登録しているのは612人である。

(28) 佐藤（1999）

(29) 山本（2002）p.9

(30) 大井川（2008）p.135

(31) 米林（2005）

［参考文献・資料］

厚生労働省職業安定局（2008）「介護労働者の確保･定着等に関する研究会【中間取りまとめ】」

Castle, N.G., Engberg, J., and Men, A. (2007) . "Nursing home staff turnover: Impact on nursing home compare quality meaures," The Gerontologist, 47(5): pp.650-pp.661.

天野正子（1972）「看護婦の労働と意識——半専門職化に関する事例研究」『社会学評論』87、日本社会学会

天野正子（1982）『転換期の女性と職業——共生社会への展望』学文社

梅澤正（2001）『職業とキャリア——人生の豊かさとは』学文社

江藤裕之、岸利江子「Encyclopaedia Britannica における Nursing の記述について——過去 100 年間に出版された Britannica 諸版の nursing 記述の比較」『長野県看護大学紀要』7、2005 年、pp.51-59

大井川裕代（編）（2008）『知識・技能が身につく　実践・高齢者介護』第 4 巻「医療と介護の連携・調整」ぎょうせい

小野公一（2003）『キャリア発達におけるメンターの役割——看護師のキャリア発達を中心に』白桃書房

佐々木由恵（代表）（2011）「厚生労働省平成 22 年度老人保健事業推進費等補助金（老人保健増進等事業分）高齢者ケア施設における質の高い看護・介護を促進する現任者教育の在り方に関する調査研究事業　報告書」日本社会事業大学

佐藤直子（1999）『専門看護制度 理論と実践』医学書院

澤田有希子（2008）「男性ケアワーカーの性役割特性とキャリア志向性に関する一考察」『大阪人間科学大学紀要』7、pp.27-37

財団法人介護労働安定センター（2010）「介護労働者に対する施策の現状」
http://www.kaigo-center.or.jp/report/pdf/h20_kenkyukai_3.pdf

社団法人日本看護協会（1996）「先駆的保健活動交流推進事業　海外保健調査　高齢者への質の高いケアをめざして——オーストラリアの高齢者ケア改革」社団法人日本看護協会

染谷俶子（編著）（2007）『福祉労働とキャリア形成——専門性は高まったか』ミネルヴァ書房

高山恵理子（2004）「保健医療領域における連携・協働」社団法人／社会福祉会･社団法人／日本医療社会事業会編『保健医療ソーシャルワーク実践』中央法規

時井聰（2002）『専門職論再考』学文社

日本看護協会「専門看護師（Certified Nurse Specialist）への道」
http://www.nurse.or.jp/nursing/qualification/howto/pdf/cnsmiti.pdf

平井さよ子（2009）『改訂版　看護職のキャリア開発　転換期のヒューマンリソースマネジメント』日本介護協会出版会

福祉臨床シリーズ編集委員会（編）建部久美子（編集責任）（2007）『福祉臨床シリーズ 10　臨床に必要な介護概論』弘文堂

財団法人介護労働安定センター（2010）「平成 22 年度版　介護労働の現状Ⅱ　介護労働者の働く意識と実態」財団法人介護労働安定センター

松井奈美（代表）（2011）「ニーズの多様化に対応できる指導的介護福祉士の養成の在り方に関する基礎的研究――介護リーダーの業務・役割に関する実態調査」学校法人日本社会事業大学社会事業研究所

山本あい子（2002）「厚生科学研究費補助金　厚生科学特別研究事業　研究課題番号 H13- 特別 -058　諸外国における看護師の業務と役割に関する研究　平成 13 年度　総括研究報告書」兵庫県立大学

米林善雄（2005）「保健・医療・福祉専門職の現状と課題」『新潟医療福祉学会誌』第 4 巻 2 号、pp.3-14

平井孝志（2006）「戦略能力と遂行能力が高い『最強の組織力』を目指せ」『労政時報』別冊

http://www.rolandberger.co.jp/media/pdf/rb_press/RB_Hirairousei_20060601.pdf

Etzioni, Amitai.（1964）"Modern organizations"（アミタイ・エツィオーニ（著）、渡瀬浩（訳）（1967）『現代組織論』至誠堂）

Arnold, J.（2001）"The psychology of careers in organizations" In C.Cooper and I.Robertson（Eds.）, Organizational Psychology and Development, John Wiley & Sons, Ltd.

Benner, Patricia,（1984）"From Novice to Expert − Excellence and Power in Clinical Nursing Practice"（パトリシア・ベナー著、井部俊子、井村真澄、上泉和子（訳）（1992）『ベナー看護論――達人ナースの卓越性とパワー』医学書院

Erikson, E.H.（1963）"Childhood and Society", 2nd ed. W. W. Norton & Co.（仁科弥生（訳）（1977）『幼児期と社会』Ⅰ・Ⅱ みすず書房）

Schein, E.H.（1978）"Career Dynamics: Matching Individual and Organizational Needs", AddisonWesley.（二村敏子、三善勝代（訳）（1991）『キャリア・ダイナミクス』白桃書房）

Vollmer, H.M., Mills, D.L.,（1966）"Professionalization" New Jersey:

Prentice-Hall.

Goode, W. J.（1957）"Community within a community: The professions" American Sociological Review, 22: pp.194-pp.200.

Wilensky, H. L.（1964）"The professionalization of everyone" American Journal of Sociology, 70, pp.137-pp.158.

Smith, Pam.（1992）"The Emotional Labour of Nursing: How Nurses Care Basingstoke", Macmillan.（パム・スミス（著）、武井麻子、前田泰樹、安藤太郎、三井さよ（訳）（2000）『感情労働としての看護』ゆみる出版）

第６章　求められる意識改革

自立した介護職の実現へ：介護サービスの自立と拡大

6-1. 本章の意義

第４章の「医療ケア・医療的ケア拡大の経緯」で述べたように、家族により家庭内の介護負担の軽減を目的として家族以外の者に対しても「医療的ケア」の一部の実施を認めてきた経緯があり、それはALS等の難病を抱える利用者からのニーズでもあった。これまで、介護職と医療職の連携を医療的ケアの実態調査の結果から論じてきたが、わが国はますます人口の高齢化[1]が深刻となってきており、それに伴って医療の質を担保しながらも同時に医療費の増大を抑制することが大きな課題となっている。このような状況の中で、介護職に求められるニーズ（利用者ニーズ、政策的なニーズ）も時間の経過とともに変化してきている。医療と福祉の連携が叫ばれ、政策主導型で介護職に医療ケアが拡大されようとしている中、そのあり方について両者が真にどうあるべきかを当事者同士が十分に検討し咀嚼されきれていないという感もある。本章では、これまでの章を踏まえて医療と介護の連携における問題提起と提言を行う。

6-2. 介護職は専門職として自立しているのか

専門職の概念に関する議論の中で、Goode, W. J（1957）、Wirensky, H. L（1964）らによって以下の点が挙げられている。「高度な知識・技術を占有し、それに基づいて公共的な利益を志向する役割が義務付けられる結果として高度の自律性（autonomy）や社会的権限が付与される」点について、介護職には、自立性の高い、高度の社会的権限が付与されているのかという疑問である。例えば、訪問介護の場合を例に挙げると、ケアを実施している際の異変時（トラブル、物品の汚損、介護事故の発生）に、まず事業所に連絡をとって相談するシステムを導入している事業所が多い。介護職は、介護現場で緊急対応やトラブルが発生した際に、介護者が状況を判断し、自立的に行動できるような裁量権を発揮できるようなトレーニングを実施している事業者は決して多いといえない。

また、介護職の社会的評価が低い理由として、「家事の延長」、「女性の仕事」、「誰にでもできる仕事」というようなシャドーワーク的なとらえ方が一要因となっている。介護職の中には、専門職志向というよりは、シャドーワーク的な内容であるからこそ、やりたい・やれるという人も存在しており、重度な介護や終末期支援、緊急事態等に遭遇すると、途端にリアリティショックが起こり、こんなはずではなかった、こんなことまで要求されるのであれば自分にはできないと早々に職場を去る者もいる。介護職は、自立的な日常生活の支援を目指し活動をしているが、高齢者の特徴や、昨今の医療事情などを考えると緊急事態に遭遇する可能性も十分にあるという自覚と、それに対処できる能力が必要な時代となってきている。確かに、高齢者介護は、社会復帰を目指す入院患者や、障害を持ちながらも成長へと向かうプロセスを支援する子供のケア等に比較すると、介護者への要求が低い所にとどまっていることも少なくない。なぜなら、介護を必要とする高齢者の特徴が、加齢に伴う身体的機能の低下に加え複数の慢性疾患を抱えており、さらに、老化は生物学的には時間の経過とともに個体に起こる身体的変化（身体的機能の低下、慢性期疾患、認知症の発症、骨粗鬆症など）が不可逆的な現象として起こるために、利用者本人も家族も、何が何でも状態が良くなるということを期待している人ばかりではないからである。すなわち、目の前の問題が解決すれば良しとする狭義の問題解決型志向の側面もあり、そのために、個々の介護職が、瞬時に変わる状況を判断し、起こりうる可能性を予測して対応していくというトレーニングが徹底されていなくても何とかなる現実がある。何か重大なことが起きてから、後追いで学習を追加していくという実態もある。

今後、介護職が「医療的ケア」を実践していくことになれば、一人一人が安全に確実に必要な技術を提供できるきる能力が要求され、瞬時にアセスメントし状況を判断し、実践に移せる、自立した介護職が必要となり、パラメディカルの一員として、実施にいたるまでに相当数の時間をかけた研修と研修成果の評価を確実に行っていくことが重要である。介護職養成教育は、2010年に新カリキュラムとなり、「介護過程の展開」が新たに導入された。「介護過程の展開」こそが、介護福祉士（介護職）の専門性であるといっても過言ではない。介護過程展開の意義は、

・専門的かつ科学的な方法によって介護上の問題を明確化し解決につなげる
・課題の明確化や目標設定により目標志向型の介護が展開できる
・評価により利用者の満足度や介護の質を客観的に判断できる
・経験や感などによる個々で異なる介護ではなく、介護の質が保証できる
・生活支援技術の知識や経験の質を高め、方法論の体系化に役立つ等

があげられる。

しかし、わが国の介護福祉士制度は、実務経験３年以上を満たすことで介護福祉士（国家試験受験資格）の国家資格を取得できる道もあり、「介護過程の展開」についての教育が徹底されていない。問題解決型志向の業務になるか、目標志向型のエビデンスに基づくサービスの提供となるかどうかの違いは、「介護過程の展開」という思考がふめるか否かにかかわっている。「医療ケア・医療的ケア」の実践には、エビデンスに支えられた判断や実施が利用者への安全性や安楽性からも不可欠であり、専門性を高めるための理論・実践教育の強化が望まれる。

ここで、佐々木（2011）の調査結果から見えてきたいくつかの課題を提言という形でまとめておく。介護職は「医療的ケア」に対し、学習はしたいが、できれば自分は実施したくないと考えている傾向が認められた。しかし、一方で医療に関連する知識や技術を学習したいという意欲はある。実施したくない理由の一つに、法的な整備がされていないために責任が個人に降りかかり、医療過誤のような問題に巻き込まれたくないということが考えられる[2]。たとえ法整備がされたとしても、医療的ケアは、食事の味付けが利用者に気に入ってもらえなかった、移動介助がスムーズにいかず大変であったというような日常的な生活支援の場面とは違って我々の通常の生活体験とは異質の分野であり、正確さや確実性、瞬時の対応などが要求される。医療的ケアは介護者自身の生活になじみがあるような行為ではないため、知識と技術訓練が一致しない限り、やってみよう、やれるかもしれないと思える決断を下しにくい状況を持っている。

EPA（経済連携協定）により、平成20年以降、インドネシア、ベトナム、フィリピンなどから、看護師・介護士候補が来日をして研修を受けている。例えば一つの考え方として、フィリピン等の看護師を、日本の看護師国家試験に合格しなくても、コミュニケーション能力と短期間技術研修で医療的ケアを必要とする介護現場に介護職として導入するという案も考えられる。フィリピンの看護教育はすべて四年制大学であり、多言語国家であるために言語の習得もスピーディである。介護福祉士、介護職等に、国民や介護職とのパートナーである医療関係者にも納得のいくような教育内容で医療を拡大していくことができないのであれば、外国人看護師の介護職への導入は、むしろ利用者にとって安全性や安心が担保されるという利点がある。介護人材のグローバル化は、日本の近未来の現実であり、相手国の文化や価値観を理解し協働するという新たな挑戦も介護の世界には必要である。そして、わが国の介護職には、異文化ケアワークをマネジメントするという力量も求められている。

6-3. 介護の職域の浸食がされないための挑戦

介護職が担う生活支援とは、日常生活に支障がある人や、予防ケアを実施しなければ生活に支障が出る可能性のある高齢者や障害者（児）の尊厳や自立、自己実現などを支えるために本人のニーズと心身の状況に応じた身体的・精神的・文化的・予防的援助によりその人らしい生活を支援することである。生活とは人の行為の総体であり、家族や労働、社会との関係性や機能など多面的な側面を有し主体的に生きる連続したプロセスである。このような生活を支える介護の視点での必要な技術とは、尊厳と自立、自己実現、QOL を高めるために人間形成や支援の基盤を形成する技術、生活行為を成立させるための技術、家事能力を維持拡大する生活技術、社会生活を維持拡大する技術などがある。

近年は、多岐にわたる問題を抱えている利用者が多く、利用者のより良い生活を支援するために複数の専門職で支えるチームケア方法が用いられているが、介護職は生活支援の専門性の視点からチームメンバーとして有効に機能することが求められる。チームケアにより、共通の目標を持ちながら、それぞれの専門性から、より的確に利用者ニーズに対応している。例えば、医師は医学知識・技術を用い、看護師は看護知識・技術を用い、作業療法士は作業療法、理学療法士は理学療法を用いるというように、それぞれの専門職は高度かつ独自の領域を有している。介護職は、場面によっては、他の専門職にケアを委ねることのほうが効果的であり、自身の専門性でないものは他の専門職にバトンタッチするという考え方も専門性の一つではあるが、介護職でも可能な場面を容易に他の専門性にゆだねてしまう傾向も少なくない。例えば、たんの吸引や口腔内ケアの実施も元来は医師や看護師の医療の領域であり、また介護事故が発生した時の応急対応には看護師がその専門性を発揮するであろうし、治療は医師が担うことになる。他にも身体機能の維持増進・回復については理学療法士・作業療法士、言語聴覚訓練士などが専門性を発揮している。介護職はさまざまな領域に隣接する部分もあり、介護職の職務の範疇でやれる生活支援としての運動やリハビリ訓練などもあるが、リハビリという言葉だけで介護職の領域ではないというような判断をし、やれることもやらないでいるという現象がある。今後は、他職種連携の中で、他職種に依存するのではなく自立した業務を展開できる力量を持つことが求められている。

6-4. 介護職独自の職務の創出

医療現場での業務は「医師法」や「保健師助産師看護師法」に規定されているが、医療法改正の中でも、かつては医師と限定されていたものが医師等の表現に変化し、看護師の業務も拡大しつつある。看護師は、看護の専門性の探求と実践、医療の高度化と発展等に歩調を合わせるように自らの職域を拡大し発展させてきている。日本看護協会は1990年代から看護師のキャリアアップのために、看護の独自領域として専門分野と認定分野を設定している。

介護職が職業として一層発展していくためには創造性を持って職務の在り方について問い続けていくことが必要である。イノベーションとは、新しい技術や考え方を取り入れて新たな価値を生み出し社会に大きな変化を起こすことを意味するが、介護は医療や他の産業に比較しイノベーションが遅々として進んでいない。イノベーションの要件として挙げられることは、①原材料を新しいものにする（これまでと異なるものを使用する)、②生産工程の見直し、③販売・提供方法の見直し、④市場の開拓、⑤組織管理である。

これを介護に当てはめると、①では、利用者の自立を高め介護者の介護負担を軽減する福祉用具の開発をすることなどが挙げられる。これまでも、福祉用具は介護現場に導入されてきているが、わが国の介護は依然として人の手で行われることが中心である。利用者の自立と介護者の負担を軽減できるように、介護職ならではの視点を生かし、福祉工学等と密接にかかわりあいながら福祉用具の開発を進めていくことが必要である。

②では、介護（ケア）の方法を見直すことなどがあげられる。例えば食事介助を例に挙げると、食事の認識、捕食、咀嚼、嚥下のそれぞれの過程でおこる現象を正確にリサーチし検討することで問題点や、より効率的で効果的なケアを提供することができるかもしれない。また、移動や移乗の方法についても、紙谷克子が人の自然な動きを大切にした移動方法を理論化したように、また、岡田慎一郎が古武術の身体操作法を介護に応用した「古武術介護」を作り上げたように、現場ならではの実践から新しい理論を生み出していくことも必要である。

③では、施設利用者を例にとると、普通の生活の延長として、施設の中と施設の外をどのように繋げていくことができるのか、介護独自の業務と視点から発展させていく必要がある。

④では、介護保険制度の改定や厚生労働省の通知は、介護職の仕事の在り方に直接影響を与える。新しい情報を取得し介護の市場にどのような変化が起きるのかを思考し戦略を立てることは介護職の自立の面からも重要なことである。

⑤では、組織のあり方として情報の共有をどのようにしていくかがある。利用者の情報はチームケアを行う上で最重要であり利用者の生活の質にもかかわってくる。情報共有の方法として、すでに介護職一人一人が携帯パソコンを持ち、その場で情報の取り出しや入力ができるシステムを作り上げている職場もある。組織としてどのような方法で情報を共有し、質の高いケアが実践できるかを思索することも必要である。

現段階では、仮説段階ではあるが介護職は自らが新たな職務や資格を積極的に創設しようという気運は高くない。介護職はいまやわが国にとって生活の中でなくてはならないライフラインの一つである。介護職が今後専門職として社会的経済的評価を高めるために、職務に対し創造性を持ち、国民のニーズに対応できる環境整備（イノベーションを含め）をしていくことが求められている。

人口の高齢化に伴い、介護職に対しての社会的要請と期待はますます大きなものになってきている。専門職として発展していくためには、職業としての成熟がどれだけ早くなし得るのかがカギとなってくる。その意味で、終章に挙げた内容については今後の研究を通じ取り組んでいきたいテーマである。そして、最後まで自分らしく生きたというささやかな、かつ人間の根源にかかわる願いを実現させるために介護の専門性を一層発展させていきたいと思う。社会的地位や専門性など様々なジレンマと悩みを抱えながら、現場を良くしていきたいという共通の思いを持ち介護職は日々努力を続けている。彼らの献身的な努力に敬意を表し本論を閉じたい。アンケート及びインタビューにご協力いただきました多くの介護職の皆様、本当にありがとうございました。

［注］

(1) 平成22年国勢調査抽出集計結果要約によると、「65歳以上人口は14.1%増、総人口に占める割合は20.2%から23.1%に上昇。15～64歳人口は4.0%減、割合は66.1%から63.7%に低下。15歳未満人口は4.1%減、割合は13.8%から13.2%に低下」している。

(2) 介護業務に入っていないため、医療ケアを実施し事故が起きたときに保険でカバーされないということもある。一部の事業所では、独自の研修体系を作り医師の認定のもとに保険でカバーできるシステムを持つ事業所もある。高齢者介護で痰吸引等が必要な場合は、現状では利用者本人と実施するホームヘルパーが契約を交わす仕組みがとられている。

［参考文献・資料］

佐々木由恵（代表）(2011)「厚生労働省平成22年度老人保健事業推進費等補助金（老人保健増進等事業分）高齢者ケア施設における質の高い看護・介護を促進する現任者教育の在り方に関する調査研究事業　報告書」日本社会事業大学

総務省統計局抽出速報集計結果「結果の要約」
http://www.stat.go.jp/data/kokusei/2010/sokuhou/pdf/youyaku.pdf

日本看護協会「専門看護師への道」
http://www.nurse.or.jp/nursing/qualification/howto/pdf/cnsmiti.pdf

日本看護協会「認定看護師への道」
http://www.nurse.or.jp/nursing/qualification/howto/pdf/cenmiti.pdf

日本看護協会「認定看護管理者への道」
http://www.nurse.or.jp/nursing/qualification/howto/pdf/cnamiti.pdf

調査概要

調査の手順は下記の通りである。

(1) 高齢者ケア施設の中でも代表的な4種の高齢者ケア施設（特別養護老人ホーム、介護老人保健施設、グループホーム、有料老人ホーム）から東京都、埼玉県、千葉県内に設置している各30施設、合計120施設を無作為に抽出し、各施設で看護・介護サービスを提供する職員1,200人を対象にアンケート調査を行なった。他にも聞き取り調査の際に27名に調査票の記入を依頼した。

(2) サービス提供時に直面する不安の内容や背景要因をより具体的に把握するため、4種の高齢者ケア施設から（特別養護老人ホーム9施設15名、介護老人保健施設6施設10名、グループホーム6施設10名、有料老人ホーム6施設8名）27カ所を抽出し、合計43名に聞き取り調査を行なった。

(1) 量的調査（アンケート調査）

本事業において行った量的調査は、個々の施設を対象とした「施設概要調査」とそこで働く職員個人を対象とした「職員調査」の2種類である。以下、それぞれの概要を記す。

(1-1) 施設概要に関する調査

個々の施設を対象とした調査は、各施設に1部ずつアンケート調査票を配布し、施設の形態、利用者の情報、職員の情報について施設の代表者１名に答えていただいた。

以下は施設概要調査の質問票である。

1. 施設についてお伺いします。

問 1. 法人形態に一つ○をつけてください。

①社会福祉法人　②医療法人　③民間企業　④その他（　　　）

問 2. 施設形態に一つ○をつけてください。

①特別養護老人ホーム　②老人保健施設　③グループホーム

④有料老人ホーム

問 3. ショートステイのベッド数を除いた入所者（ベッド数）を記入してください。

（　　　　）名

2. 入所者についてお伺いします。

問 4. 現在の入所者の平均年齢は何歳ですか。

（　　　　）歳

問 5. 入所者の平均介護度はいくつですか。

要介護度（　　　　）

問 6. 現在、どのような医療的処置を必要としている利用者がいますか。当てはまるものすべてに○をつけ、対象人数を書いてください。

①インシュリン（　　　人）

②留置カテーテル（　　　人）

③人工肛門（　　　人）

④胃ろう（　　　人）

⑤腸ろう（　　　人）

⑥酸素吸入（　　　人）

⑦たん吸引（　　　人）

⑧薬液吸入（　　　人）

⑨その他（　　　　　　　　　　　　）（　　　人）

3. 勤務する看護・介護職員についてお伺いします。

問 7. 現在、勤務している介護職の数を記入してください。

（　　　　　）人

問 8. 現在、勤務している看護師の数を記入してください。

（　　　　　）人

問 9. 現在、勤務している准看護師の数を記入してください。

（　　　　　）人

問 10. 正規雇用の職員（介護職・看護師・准看護師）の数を記入してください。

（　　　　　）人

問 11. 非正規雇用の職員（介護職・看護師・准看護師）の数を記入

してください。

（　　　　　）人

問 12. 介護職の平均勤務年数について記入してください。

（　　　　　）年

問 13. 看護師の平均勤務年数について記入してください。

（　　　　　）年

問 14. 准看護師の平均勤務年数について記入してください。

（　　　　　）年

問 15. 看護師・准看護師は現場に何時から何時までいますか。

午前（　　　　）時～午後（　　　　）時

(1-2) 施設概要調査票配布・回収

・調査対象施設の選定方法

無作為抽出法。WAM ネット等でインターネットに記載されている施設一覧より検索した。

・調査票の作成とプリテストの実施

2010（平成 22）年 7 月 30 日（金）に担当者を中心に調査票の質問項目案を取りまとめた後、プリテストを実施し調査票の改善を行なう。8 月 18 日（水）に調査票を完成させる。

・調査票の配布と回収方法

配布方法：郵送法

回収方法：留め置き法を用い、郵送にて回収。

・調査票配布時期

2010（平成22）年8月27日（土）

・調査票回収（締め切り）時期

2010（平成22）年9月20日（祝）

・督促状の発送と調査票回収の最終締め切り

2010（平成22）年10月10日（日）～10月25日（月）

・調査票返送施設数

34施設/120施設※無作為抽出で調査票を発送して返送された施設のみ。

(1-3) 職員個人に関する調査

職員個人を対象とした調査では、性別、年齢、保有資格、現在の勤務施設および勤務施設外での経験年数といった情報に加え、53の医療的ケアについて、それぞれ実施の有無、研修の有無、不安の程度を調査した。

以下、質問票を抜粋する。

Q.あなた自身についてお伺いします。

問1.性別をお伺いします。当てはまるものに○をつけてください。

①男性　②女性

問 2. 年齢をお伺いします。当てはまるものに○をつけてください。

① 20 歳代　② 30 歳代　③ 40 歳代　④ 50 歳代　⑤ 60 歳代以上

問 3. あなたの最終学歴についてお聞きします。以下のものから○をつけてください。

①高等学校　②短期大学　③大学　④大学院　⑤福祉専門学校　⑥ 看護専門学校　⑦その他（　　　　　　　　　　）

問 4. あなたが有している資格についてお聞きします。当てはまるものすべてに○をつけてください。

①介護福祉士　②社会福祉士　③介護支援専門員　④ ホームヘルパー１級　⑤ホームヘルパー２級　⑥看護師　⑦准看護師　⑧その他（　　　　　　　　　）

問 5. 現在の施設での勤務年数は何年ですか。当てはまるものに○をつけてください。

①１年未満　②１年以上３年未満　③３年以上５年未満　④５年以上 10 年未満　⑤ 10 年以上

問 6. 現在勤務している施設以外で看護・介護職として働いたことはありますか。

①はい　②いいえ

問 7.「①はい」と答えた方のみお答えください。その場所はどこですか。当てはまるものすべてに○をつけてください。

①医療施設　②介護施設（デイサービス・ショートステイを含む）

③訪問介護　④その他（　　　　　　　　　）

問8. 他の施設で働いた勤務年数は合計何年ですか。当てはまるものに○をつけてください。

①1年未満　②1年以上3年未満　③3年以上5年未満　④5年以上10年未満　⑤10年以上

問9. あなたの雇用形態についてお聞きします。当てはまるものに○をつけてください。

①正規職員　②非正規職員　③その他（　　　　　　　　　）

引き続き、次ページに記載しています質問項目にご回答をお願い致します。

Q. 質問番号は1～53、自由記述欄まであります。質問内容は、これまであなたが介護現場で医療的ケアに関する事柄について「実施の有無」があるかどうか、その事柄を実施した際に感じた「不安の有無」について、不安を感じた強さである「不安の程度」について、そしてあなたが医療的ケアを学んだ「研修先」が所属先か所属外かについての項目があります。それぞれの項目に当てはまるものに○をつけてください。記入例を参考に回答をお願い致します。「備考」は、あなたが回答するに当たって、何か記載しておきたいことがあれば記入して頂いて構いません。

調査対象とした53の医療的ケアは下記の通りである。

1	バイタルサインの測定	脈拍の状態を観察すること
2	バイタルサインの測定	呼吸の状態を観察すること
3	バイタルサインの測定	体温の状態を観察すること
4	バイタルサインの測定	血圧の状態を観察すること
5	バイタルサインの測定	意識の状態を観察すること
6	パルスオキシメーター	パルスオキシメーターを使用して、酸素飽和度（酸素の取り込み量）の測定を行う
7	水分出納のモニタリング	水分の摂取量を継続的に観察・評価すること
8	水分出納のモニタリング	排泄量を継続的に観察・評価すること
9	栄養モニタリング	栄養摂取量及び栄養状態を継続的に観察・評価すること
10	呼吸機能のアセスメント	寝たきりの人や呼吸苦のある人に対し、観察・評価すること
11	気道の加湿	ネブライザーなどを使って気道内の湿潤を高めること
12	腸管運動促進	便秘や長期臥床者に対し、湿布、マッサージ、薬物等を用いて腸管運動を促進させること
13	便性調整	日常生活（食事、運動、腹部マッサージなど）の調整や処方された薬物によって、便の性状を整えること
14	尿意誘発	物理的刺激や環境的調整によって、自然排尿をさせること
15	目のケア	分泌物（目やに）が多い人に対し、眼瞼および結膜（義眼を含む）を拭いたり洗ったりすること
16	耳のケア	耳介周辺や外耳道を拭き、分泌物、耳垢を除去すること
17	爪のケア	爪を切ったり整えたりすること
18	口腔ケア	自分で清潔を保てない人に対し、適切な用具と方法を用い、清潔にすること
19	フットケア	浮腫のある人、足の末梢神経障害のある人、爪の変形している人などに対し、適切な道具と方法を用い、足部の清潔を皮膚および爪の状態の問題に応じた対処をすること
20	応急処置	突発的な負傷や突然の苦痛を訴える人に対し、一時的に処置を行うこと
21	腸ガス排気	結腸内に貯留している気体を、カテーテルを挿入して排出させること

22	摘便	手指・用具を用いて直腸および肛門部に溜まっている便塊をかき出すこと
23	冷罨法	炎症部や発熱のある人に対し、用具の貼用・使用により身体の一部に寒冷刺激を与えること
24	温罨法	用具の貼用・使用により身体の一部に温熱刺激を与えること
25	胸壁振動法	胸壁背部を振動（タッピング）させることにより、気道分泌物（痰）を移動させること
26	関節可動域の維持・拡大	身体各部の関節を対象者の可動域の最大範囲内で能動的または受動的に動かすこと
27	末梢循環促進ケア	四肢を温めたり、挙上・保持したり、持続または間欠的に圧迫したりすること
28	嚥下リハビリテーション	食物を取り込み、咀嚼して胃に送り込む機能を獲得あるいは取り戻すために、アイスマッサージ用綿棒等を用いて手助けを行うこと
29	ストマ管理	人工肛門や胃ろうなどのストマを持つ人に対し、ストマの状態（浮腫）を観察したり、皮膚の状態を観察したりすること
30	ストマ管理	フランジ（皮膚につける土台）の張り替えを行うこと
31	ストマ管理	パウチ（便をうける袋）の交換を行うこと
32	経口与薬	自分で服用できない人に対し、薬剤を口から体内に取り込ませること
33	舌下与薬	胃ろうなどの人に対し薬剤を舌の下にとどめ、口腔粘膜から体内に取り込ませること
34	経管与薬	薬剤を管を通して消化管内に注入すること
35	経膣与薬	薬剤を膣に挿入し、膣粘膜に、あるいは膣内で作用させること
36	経直腸与薬	薬剤を肛門から挿入し、直腸粘膜から体内に取り込ませる、あるいは直腸内で作用させること
37	薬剤発布	薬剤を皮膚に貼り付け、皮膚から体内に取り込ませる、あるいは皮膚に作用させること
38	薬剤塗布	薬剤を皮膚・粘膜に塗る、あるいは擦り込むこと
39	点眼	薬剤を結膜のうに滴下すること
40	点耳	ネブライザーを用い、薬剤を外耳道に滴下すること
41	薬剤吸入	霧状の薬剤を吸気と共に上気道あるいは下気道に到達させること
42	酸素療法の管理	大気圧下で気道から酸素を吸入させること
43	経管栄養（経鼻）の管理	経鼻的に消化管内に挿入された管を用いて栄養物を注入すること
44	経管栄養（胃瘻）の管理	増設された胃瘻から管を用いて栄養栄養物を注入すること

45	褥瘡ケア	褥瘡がある人に対し、皮膚の観察や手当てを行なうこと
46	持続導尿の管理	膀胱内に貯留した尿を、カテーテルを用いて一時的に誘導・排出させること
47	浣腸	40ml 以下の浣腸液を腸内に注入して便を排出させること
48	経口吸引(口腔内)	経口で気道内に吸引用チューブを挿入し、咽頭、咽頭内に分泌物、血液、吐物、異物を取り除くこと
49	気管吸引	気管内に吸引用チューブを挿入し、分泌物や異物を取り除くこと
50	口腔内吸引	口腔内にある分液物、血液、吐物などを取り除くこと
51	採尿	検査に用いる尿を採取すること
52	採便	検査に用いる便を採取すること
53	採痰	検査に用いる痰を採取すること

(1-4) 職員調査票配布・回収

・全体の回収率（327 通／ 1227 通）26.7%

内訳

①特別養護老人ホーム　113 通（35%）

②介護老人保健施設　82 通（25%）

③グループホーム　90 通（27%）

④有料老人ホーム　42 通（13%）

(2) 質的調査（聞き取り調査）

(2-1) 質的調査の概要

質的調査（聞き取り調査）においては、調査員が各施設を訪問し、職員を対象にサービス提供時に直面した不安の内容やその背景要因を詳細に聞き取る半構造化面接を行なった。

(2-2) 調査対象施設と対象者の選定

東京都、埼玉県、千葉県内に設置している、特別養護老人ホーム、介護老人保健施設、グループホーム、有料老人ホームに勤務する介護労働者。インタビュー対象者は施設の担当者に趣旨を説明した上で、該当者を選定してもらう。

(2-3) 聞き取り調査方法

聞き取り調査の実施に当たっては、施設に協力が得られるよう二つの方法を取り入れた。一つは実施担当者が関わったことがある施設に協力を求める方法、もう一つが調査票発送時に聞き取り調査の協力に関する依頼文を同封する方法である。

・形式

基本は1対1として行なったが、調査協力者の要望により複数の協力者に対して聞き取りを行なった。時間は1時間程度。

・録音（記録）方法

IC レコーダー、カセットテープにて録音を行なった。協力者から音声録音の許可が得られない場合はメモの作成を行なった。

・その他

聞き取り調査開始時にインタビューの方法について説明を行ない、調査協力者の了解が得られた後に同意書に署名捺印をしてもらう。聞き取り調査終了後は、薄謝として図書カード（1,000 円）を1人につき1枚を渡し、受領書に署名捺印をしてもらった。

・調査データの管理

IC レコーダーに録音をしたものをデジタルファイルにまとめた。カセットテープに録音されたのは１本のみである。データはすべて研究室内で保管し、学外に持ち出さないようにしている。

あとがき

執筆の期間中にも、介護職への医療ケアの拡大が政策的に刻々と進行していたが、ついに介護保険法等の一部を改正する法律の施行に伴い、医療行為の一部が介護職の業務として定められた。この意味で2011年という年は、介護職の業務が大きく転換した年として長く記憶されていくことであろう。これまで、介護職の業務の専門性は、「日常生活支援」としてその歴史を積み上げてきたが、介護サービスの基盤強化という名目の基で、「社会福祉士及び介護福祉士法施行規則の一部改正」が行われ、医師の指示のもとで五つ（口腔内の喀痰吸引、鼻腔内の喀痰吸引、気管カニューレ内部の喀痰吸引、胃ろう又は腸ろうによる経管栄養、経鼻経管栄養）の特定医療行為が介護職業務として位置づけられることとなった。この法改正により、介護職は、医師や看護師等の特別な有資格者にしか許されなかった人体の内部に直接働きかけるという医行為の実施者となったが、このことで、受け手側が不利益を被ることがあってはならない。いつの日か、2011年決断の歴史を顧みた時に、我が国がこの決断で何を失い、何を得たのかを、介護の専門性、倫理性、医療との関連性、医療の安全性、ケアの受け手側の全体像等から振り返ってみたいと思う。

介護と看護は入浴介助等のあるシーンを見れば似かよった領域に移るかもしれないが、生活援助を目的とした介護の領域からの働きかけと、看護独自の専門性から人々のヘルス･ニーズ（健康の保持、増進、回復）に応えることを目的とした看護の領域は全く別物であり、学問体系も異なる。介護職の業として医療ケアを実施していくときに、手技としての技能（ここでは、実際的・実践的という意味で使用）が移行すればよいということではない。論理的で科学的な裏づけがあるものを技術としてとらえるならば、介護職は生活支援としての医療というものを、新たに自らの領域として構築していくことが求められている。

高齢社会の諸相はさまざまなものにパラダイム転換が求められているということを実感しつつ、サービス利用者が安全で安楽で安心したサービスを受けられるように、医療と介護の連携を今後の研究課題の一つとして微力ながら取り組んでいきたいと考えている。

本書の内容は、厚生労働省老人保健事業推進費等補助金に基づく調査研究「高齢者施設における質の高い看護・介護を推進する現任者教育の在り方に関する調査報告」の成果の一部を活用していることを記しておきたい。この研究で調査対象の一つとしていた有料老人ホーム（無作為抽出）に関しては、アンケート調査の回収率がほとんどゼロに等しく、増大し続けている有料老人ホームの実態が把握できなかったことは残念であるとともに、他種施設と比べ、社会サービスの認識の相違を実感せざるを得ない状況に直面させられた。それはさておき、本書は、多くの方々からいただいた示唆や直接・間接的な支援によるところが大きく関係者の方々にお礼を申し上げたい。特に編集作業に甚大な力を注いでくださいました神山資将氏には深く感謝したい。また、研究の基となっている調査においては、調査研究の事務局を務めてくれた高橋幸裕氏の努力と、多くの介護職、看護職にご協力いただけたことをこの場を借りて感謝申し上げる次第です。

最後に、介護福祉士の養成にかかわる一教員として、介護職が医療の一部を担うというバトンを渡された以上、予測不可能な部分も多いが、しっかりと、理論、技、精神性を高めるためのトレーニングを重ね、確かな走りをしていきたい。

[著者紹介]

佐々木由恵（ささき・よしえ）

日本社会事業大学社会福祉学部援助学科准教授。看護師、助産師、社会福祉士、介護福祉士、介護支援専門員。

日本女子大学大学院人間生活学研究科博士課程修了（学術博士）。

臨床看護師・助産師を経て、看護教育や介護職の養成にかかわる。介護保険施行後は、自ら、訪問介護、グループホーム、デイサービス等を立ち上げその実践を行う。介護労働、認知症ケア、介護職における医行為等が研究テーマである。

日本社会福祉学会、日本介護福祉学会、日本認知症学会、日本社会政策学会、日本地域福祉学会所属。

介護現場における医療ケアと介護職の不安

2011年11月30日　初版第1刷発行

編著者＊佐々木由恵
装　幀＊後藤トシノブ
発行人＊松田健二
発行所＊株式会社社会評論社
東京都文京区本郷2-3-10
tel.03-3814-3861/fax.03-3818-2808
http://www.shahyo.com/
印刷・製本＊倉敷印刷株式会社

Printed in Japan